EL ARTE DE RECONOCER TU VALOR

Aprende a confiar en ti y crearás una realidad diferente

Javi Castillo Rubio

EL ARTE DE RECONOCER TU VALOR

Aprende a confiar en ti y crearás una realidad diferente

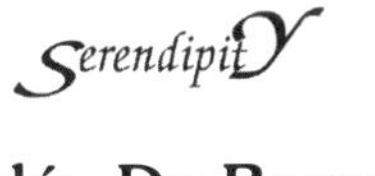

Desclée De Brouwer

www.javicastillorubio.com
javicastillorubio@gmail.com

Henao, 6 – 48009 Bilbao
www.edesclee.com
info@edesclee.com

Printed in Spain
ISBN: 978-84-330-3963-7
Depósito Legal: BI-972-2025
Impresión: Grafo S. A. - Basauri

Gracias por ver mi Valor,
antes de reconocerlo yo.

Gracias por ser la chispa
que me encendió.

Te quiero, Elena.

ÍNDICE

AGRADECIMIENTOS

El agradecimiento, si así te lo propones, puede ir más allá de verbalizar la palabra: gracias. Es una actitud que incorporar, alejándote del mero convencionalismo social.

Reconocer el Valor de la persona que tienes frente a ti, el lugar que ocupa en tu vida y la función y el servicio que está haciendo para tu desarrollo personal, es signo de un agradecimiento profundo y auténtico. Y como símbolo de ello, agradezco de corazón a todas aquellas personas que en algún momento del camino hemos cruzado nuestros pasos, más allá de sí nuestros anhelos han seguido el mismo rumbo o si nos separamos en algún tramo del viaje.

Quiero agradecer especialmente a mis padres y mi hermano, Mercedes, Manuel y Jaume, que han creado las circunstancias necesarias para lograr ser quien soy en este momento, con todo su esfuerzo y con la intención de ofrecerme la mejor vida posible.

Expreso un gracias con entusiasmo a mi profesor de educación física en la escuela, Francesc. Despertó mi pasión por la filosofía y el buen hacer, aunque tardara años en darme cuenta. Como captabas mi atención con aquellas palabras.

También siento una profunda gratitud hacia Oriol Julià, amigo y compañero, imprescindible en la creación de «El Valor de Ser Humano», y equipo SEER, empresa donde he crecido personal y profesionalmente, permitiéndome entrenar habilidades para comunicar y acompañar mejor a las personas. Equipo, vuestra calidad humana es un gran tesoro.

Gracias infinitas a todos mis referentes, en especial a Carlos González Pérez y José María Toro por abrirme las puertas de su sabiduría y nutrirme de ella a través de su cercanía, y a Bittor Gorostidi, aitona, por mostrarme la humildad y la autenticidad de ser uno mismo.

También quiero expresar mi mayor gratitud a Hernán Paradela, Neus Doménech, Gaby Morgan y Angelines Chica, por su paciencia y cariño en la primera lectura, la revisión y el feedback de este libro. En esta línea, me gustaría agradecer a David Lucas que, con su calidad humana y profesional, me ayudó a enriquecer la escritura de estas páginas. Amigos sois geniales.

Por supuesto, gracias a la editorial, a Joseba y a todos los integrantes del equipo, por darme la oportunidad de publicar mi primer libro.

Y por último, como base que me sustenta y alimenta mi pasión y mi vocación, agradezco a mi mujer, Elena Torres Chica, su soporte, cariño, comprensión y amor. Por acompañarme en todos los momentos que la vida nos brinda, por la fuerza y la confianza que depositas en mis capacidades, por creer en mí.

Lo reitero. Profundamente agradecido.

PRÓLOGO

Prologar un libro es siempre un honor que, al mismo tiempo, conlleva una gran responsabilidad. El honor de presentar algo valioso y la responsabilidad de hacerlo apetecible y amable. Porque los libros en general, y muy especialmente aquellos que no nos "dis-traen", sino que nos traen de vuelta a casa, los que nos despiertan, inspiran y devuelven al hogar de nuestro Corazón, esos libros son un alimento esencial y de primera necesidad por cuanto nutren y alimentan al alma.

El libro que tienes en tus manos y que ahora te presento, es como una flor que derrama generosamente el aroma de un alma vieja, la de Javi, en un cuerpo aún muy joven, pero de corazón maduro.

Me gusta decir que al leer somos como una abeja que va libando cada palabra para poder ir extrayendo de ella su jugo, su energía, su significado y, sobre todo, el horizonte que nos muestra o simplemente sugiere. Con el néctar de cada lectura la persona que lee podrá luego ofrecer al mundo su propio fruto.

Es este un libro que ayudará a sus lectores a recordar y saborear, de nuevo, lo que en el fondo de nuestro Corazón siempre hemos sabido.

Cada uno de sus capítulos viene a ser como una llave que abre alguna de esas cámaras recónditas y secretas que configuran nuestra conciencia. Todas y cada una de sus palabras, de sus ideas y sugerencias puedes acogerlas y sentirlas como caricias que la expanden, susurros que la despiertan o arrullos que la descansan.

El reto de todo lector auténtico es escuchar, tocar y dejarse acariciar e interpelar por lo que se esconde detrás del texto.

Y detrás del texto está la mano que la escribió y el corazón que la dictó. Leyendo este libro, uno puede reconocer con facilidad una presencia sencilla y entrañable, agazapada tímidamente, pero con fuerza, tras lo escrito.

He sentido este libro como un espejo que, al mirarlo, me recuerda y devuelve una imagen cada vez más nítida, certera y completa de lo que Soy.

Te aseguro que, conforme vayas avanzando en la lectura, irás transformándote en eso que encontrarás en cada capítulo, en cada etapa del viaje o en cada recodo del camino.

Los títulos de los libros, como los nombres de las personas, no son meras etiquetas de presentación. Contienen, además de su carga semántica, una vibración, una energía y un espíritu.

El título del libro siempre señala un horizonte que alumbra y da sentido a todos y cada uno de los capítulos, momentos, contenidos y recursos que se proponen en él.

Tienes ante ti un libro sobre arte, pero no cualquier arte, no sobre ninguna de las artes que comúnmente se reconocen como tal, sino sobre el supremo arte de ser y vivir. Porque no hay obra maestra comparable a nuestra vida sencilla y extraordinaria de cada día.

Un libro sobre el *"arte de reconocer"*. Reconocer es una especie de doble conocimiento, de un conocimiento más profundo que nos aproxima a la verdad y autenticidad de las cosas y de las personas. De hecho, se dice que la acción de reconocer sirve para saber el contenido de algo y de esa manera examinar más profunda o detalladamente esa cosa en particular.

A lo que Javi nos invita en su libro es al reconocimiento, no de cualquier cosa, sino del Valor que somos. ¿Acaso puede haber algo más valioso, algo que sea más digno de ser reconocido?

El mismo autor nos lo explicita con claridad desde un principio:

> "Mi propósito contigo: acompañarte a reconocer tu capacidad de creer y confiar en ti, reconocer todo lo que vales, conectando con tu parte más auténtica y esencial, cualidad necesaria para sentirte en paz. Y así descubrir el Valor de ser humano, tu *Valor*."

Lo que el autor comparte con nosotros, con todos y cada uno de sus lectores o lectoras, son los aprendizajes que, todavía hoy, facilitan su camino del vivir. No es un libro de autoayuda, sino de autoconocimiento. No es un libro de recetas sino de vivencias incorporadas con las que se ha ido tejiendo un determinado marco teórico y práctico. Por ser sinceramente autobiográfico, es fácil reconocer en él la propia historia de crecimiento personal de quien lo lee. Por eso, he vivido y saboreado su lectura como un recordar, en su sentido etimológico y más profundo de *"volver a pasar por el Corazón"*, mi propia historia y mi propio proceso. De ahí el tremendo valor que puede tener para aquellos lectores más jóvenes y que están ahora emprendiendo ese camino o iniciando ese viaje de autoconocimiento o de autorrealización.

La juventud madura del autor, sin duda, va a posibilitar la conexión con las nuevas generaciones. Personalmente he de confesar que, por momentos, se me hace cada vez más difícil establecer esa conexión, hacerme entender o sintonizar con quienes son hijos de una sociedad muy distinta a la que me sirvió a mi como seno. Creo que las mismas verdades de siempre, que por ser verdad han de perdurar en el tiempo, necesitan ser dichas con voces, con palabras, con tonos más próximos a las características de los nuevos tiempos y de las personas que los habitan.

Desde esta perspectiva leo, acojo, comprendo y vivo la palabra "Valor" como una manera más fresca y juvenil de referirnos a lo Esencial, a nuestra Realidad de Fondo, a nuestro Yo Profundo, en definitiva, al Ser que Somos.

Por el estilo y el modo como está escrito, la lectura puede sentirse como una conversación amable con alguien con quien podemos llegar a intimar. El libro tiene ese tono conversacional que nos acerca a quien nos habla y, sobre todo, nos aproxima a lo que se nos dice.

Para las personas con un largo recorrido de trabajo consigo mismas, la lectura puede significar un retomar y recordar lo esencial de un prolongado caminar. Para las personas que puedan estar iniciando esa misma aventura, el libro puede ser acogido como faro, como brújula, como mapa y como horizonte de ese maravilloso viaje hacia el reconocimiento de ese Valor que Somos.

Contamos para ello con la guía amable y tierna de quien, rendido al Silencio, nos ofrece sus aprendizajes, sus luces y sombras, su "bendita normalidad".

Toda lectura transformadora es un caminar hacia uno mismo siguiendo la brújula del Corazón. Es entonces cuando podemos sentir que cada página leída es como una nota musical que nos permite escuchar la verdadera música que todos llevamos dentro.

—José María Toro

1

INTRODUCCIÓN

Detrás de todo ruido, detrás de todo silencio,
hay una música que te sigue donde vayas:
la melodía de tu propia esencia.
Cuando la escuchas no hay ninguna fuerza que pueda contigo,
ninguna creencia que pueda someterte;
nada ni nadie puede oponerse al poder de ser tú mismo.
¿A qué esperas para escucharla…?

—Carlos González Pérez

Este libro pretende ser una inspiración para ti, en él encontrarás el reflejo de tu propio *Valor*. Como la chispa que enciende una antorcha en una cueva oscura, donde los tesoros se esconden en los recovecos de las sombras. Tal vez no nos conocemos, vivimos a kilómetros de distancia, nunca hemos cruzado una mirada, no conozco tu nombre, ni a qué te dedicas, cuál es tu familia, tu profesión, tu pasión, tus proyectos o tus objetivos. No sé nada de eso y aun así estoy seguro de que albergas un gran *Valor* en ti.

Es por eso que me siento feliz de compartir, en este libro, mi propósito contigo: acompañarte a reconocer tu capacidad de creer y confiar en ti. Creo firmemente que reconocer tu *Valor* es una de las decisiones más importantes que puedes acometer en tu vida, porque significa recuperar la ilusión y la motivación por crear una nueva realidad. Comprendiendo las circunstancias que ahora estás atravesando, sintiendo que eres el protagonista, y dándote cuenta de tus recursos personales y las posibilidades que tienes para cambiar.

Quiero que logres mirarte más amablemente, que aumentes la dosis de amor que ahora te ofreces para crear una autoestima poderosa.

Quererte hace que vivas de manera más alegre y liviana. Te invita a mostrarte y entregarte a la cotidianidad, con todos sus matices, teniendo una base sólida y estable que sostiene los vaivenes de la vida.

Conocerte mejor y relacionarte de manera más amable contigo y con tu entorno te ayudará a reconocer todo lo que vales, conectando con tu parte más auténtica y esencial, cualidad necesaria para sentirte en paz. El bienestar, como fuente de vida, es la manera más directa para vivir plenamente.

Como ser humano que eres, atesoras una inteligencia y sabiduría natural que está completamente a tu servicio. Solo tienes que seguir paso a paso, capítulo a capítulo, el camino que comparto contigo para desplegarla y descubrir el *Valor* de ser humano, tu *Valor.*

En la vida pasamos por diferentes terrenos y paisajes, algunos agradables que nos conectan con la alegría, con el amor y con la felicidad, y otros desagradables donde nos acompañan los miedos, la tristeza, la vergüenza... ¡Bienvenido al privilegio de estar vivo!

Si centras tu energía en evadir o rechazar situaciones desagradables, inviertes en cambiar aquello que no siempre está en tus manos y que no depende de ti. El éxito, cuando quieres recuperar la confianza y sentir tu *Valor,* es enfocarte en vivir todas las situaciones con el máximo de recursos personales posibles, para generar un aprendizaje que te permita seguir creciendo y ampliando tu estado de bienestar.

Y esos recursos están en ti. Aunque ahora no los sientas o creas que no es posible, tu capacidad es mucho mayor de lo que piensas.

Cuando te miras, ¿qué ves?

Has llegado hasta este momento. Has superado retos, limitaciones, resistencias y lo volverás a hacer. Ahora de manera más consciente porque vas a reconocer tu poder, tu sabiduría y tu belleza. Para ello, es importante que comprendas que eres el actor o la actriz principal de tu obra; cada acción, emoción y pensamiento van de la mano y de ti depende alinearlas para que sigas avanzando.

Mi propósito contigo nace de un proceso personal, de la oportunidad que ofrecen las crisis y de la propia necesidad de creer en mí mismo. Como muchas personas en el mundo, cada vez más, he convivido con ansiedad, con pensamientos recurrentes y obsesivos, con una autoestima frágil y sintiéndome inseguro. También he necesitado ayuda para conocerme mejor y cambiar aquellos hábitos y actitudes que estaban en mí produciéndome malestar. Gracias a ello he conocido profesionales magníficos con los que he podido expresarme, escucharme y aprender.

Este proceso personal, que inicié en la adolescencia, cambió el rumbo de mi vida y fue la chispa que encendió mi antorcha hasta llegar a este instante. Activando la motivación y las ganas de compartir contigo cuáles son los aprendizajes que hoy me siguen facilitando el camino. Te puedo asegurar que tengo la firme intención de que mis aprendizajes inspiren los tuyos para que puedas avanzar. Toda mi energía va en ello.

¿Sientes que es el momento de confiar más en ti?

Ha llegado la hora. Si das el primer paso, si te aventuras a descubrir el *Valor* de ser humano, lo lograrás.

Te acompaño en este maravilloso viaje de conocerte mejor a ti mismo, desarrollando la consciencia y la espiritualidad del ser que eres, y todos los recursos y posibilidades que están a tu alcance como humano. A través de metáforas, anécdotas y recursos personales, e inspirado en técnicas de diferentes ramas de la psicología humanista, el coaching y la meditación, fruto de mi formación profesional, vamos a indagar paso a paso, y de manera sencilla, en todos los aspectos necesarios para que logres ser la persona que necesitas y deseas ser. Cada palabra, concepto e idea que leerás será una semilla que plantarás en ti y que irás regando con el paso de los capítulos. Lo harás posible gracias a las ideas clave que van apareciendo de manera reiterada durante todo el libro.

Además, te ofrezco espacios de práctica con recursos, preguntas y reflexiones para que puedas extraer tus propios aprendizajes y ponerte en marcha hacia tu nueva realidad.

El contenido corre de mi parte; el *Valor* se lo pones tú.

2

LAS TRES PARADOJAS

La vida no es una tecnología, ni una ciencia.
La vida es un arte, has de sentirla.
Es como el caminar por una cuerda floja.

—Osho

Tu *Valor* siempre está presente en ti. Reconocerlo no significa que cambies las leyes de la vida. O como me gusta agruparlas a mí: *Las tres Paradojas.*

Misterio

La primera de ellas, esencial y principal, que envuelve todo lo que somos y vivimos, es el *misterio.* El cual podría resumir en una frase inquietante y graciosa: "Tranquilo, nada está bajo control".

Convivimos con infinitas variantes a cada paso que damos, aunque nuestra mente y capacidad cognitiva tengan la ilusión de que hay diferentes posibilidades que no nos pueden suceder. Con gran sabiduría, por su parte, evita que nos volvamos majaretas.

Si por un segundo miras a tu alrededor, verás que desconoces muchos de los procesos por los cuales se dan los acontecimientos que experimentas. Desde el funcionamiento de tu naturaleza más instintiva hasta las circunstancias vitales y las causas introspectivas. La ciencia nos ha dado muchas respuestas; sin embargo, va un paso atrás porque justamente se enfoca en descubrir el *misterio* que llamamos vida.

Introducida la idea, vamos a enfocarnos en el ser humano, que es lo que más nos atañe.

Seguramente, la planificación de las áreas de tu vida: familia, trabajo, pareja, salud… es un objetivo que siempre está presente en el recorrido temporal de tu existencia. Teniendo la fe de controlar diferentes variantes para llegar a cumplir la meta que tienes prevista. Consiguiéndolo o no.

Porque realmente:

> " ¿Qué estás controlando? ¿Qué estás decidiendo de manera consciente? ¿Qué depende de ti? ¿Qué o quién te ha traído a leer sobre el misterio? Y lo más importante, ¿por qué?, y ¿para qué? "

Podría enumerar más de cincuenta situaciones de mi vida en las que el resultado, bueno o malo, no era el esperado y en el que mi control ha sido nulo. Además, se han dado una serie de sincronicidades, causalidades o casualidades, que ha originado que todos los eventos que parecían fortuitos se conectaran de manera coherente y susceptiblemente mágica.

Te explico, como ejemplo, cuando reencontré a la *"Aparecida"*, mi moto.

Un miércoles de junio del 2021, en Barcelona, la dejé aparcada para dirigirme al despacho donde realizo las sesiones de coaching con aquellos clientes que me reclaman.

Una vez realizadas las sesiones, sobre las ocho de la tarde, vuelvo al lugar donde estaba estacionada mi querida moto y... ¡No está!

Revisamos las cámaras de videovigilancia de la tienda de enfrente, que justamente enfocaban al aparcamiento de motos, y en efecto el susodicho ladrón, tranquilamente, se había llevado mi moto. Lo siguiente que hice, después de recuperar la cordura y apaciguarme, fue ir a poner la denuncia. «Es difícil encontrarla, porque la desmontan para vender piezas. Lo vamos a intentar, pero no te hagas ilusiones», me dijo la policía. Enfadado, frustrado y resignado, la di por perdida.

A los tres días, moviéndome por la ciudad en transporte público, fui a parar a una dicotomía. Había quedado en casa de una compañera para crear una nueva facilitación de coaching grupal, y al bajar del metro debía decidir qué dirección tomar para llegar al encuentro. Decidí callejear, era lo más rápido.

Mientras caminaba, iba mirando cada moto que llamaba mi atención, en cuanto a gusto y posible precio, para una nueva adquisición. Y cuando estaba llegando al lugar de encuentro, la siguiente moto ¡era la mía! Rápidamente, llamé a la policía para dar aviso y retirar la denuncia, después me puse en contacto con el seguro para llevármela de nuevo a casa. Por supuesto, compartí vía telefónica la felicidad del momento con mis compañeros, pareja y familia. Todos con un alto grado de incredulidad.

Vamos a ver, cómo puede ser que de todas las calles que hay en Barcelona mi compañera viviera justo en esa. Además, que "mi elección" de serpentear por la ciudad me condujera directamente a la *"Aparecida"*.

Casualidad, ¡venga ya!

He elegido este ejemplo porque es fresquito y ligero. Pero podría compartir contigo otros momentos que han estado teñidos de *misterio* y espiritualidad.

¿Cuántas situaciones has vivido que te han parecido milagrosas? Un giro en los acontecimientos, un resultado inesperado, una persona que te has encontrado, un «me has venido a la mente» o «justo te estaba llamando», cuántas carambolas o momentos clave se han dado para que, en el camino de tu vida, ahora estés leyendo este libro.

La vida es un *misterio*. Se crea más allá de nosotros y en ese campo de juego las posibilidades son infinitas, tanto a lo que se refiere a situaciones vitales como a nuestro potencial humano. Puedes elegir una dirección o un camino, pero lo que sucede mientras avanzas no siempre está en tu plan. Si miras hacia la verdad, no sabes a ciencia cierta qué pasará los siguientes 30 segundos de tu vida.

Como para plantearte, sin margen de error, dónde estarás la semana que viene, en un año, dos o diez, o si eres capaz o no de conseguir aquello que anhelas.

Sí, crees que sí lo sabes, porque la mente te ayuda para estar en equilibrio. Su manera de funcionar confiere estabilidad y seguridad para poder convivir con la realidad de manera más fácil. Pero el *misterio* de la vida va más allá de lo que tú puedas creer o pensar. Y aunque esta idea te pueda resultar algo inquietante, también puede ser la chispa que encienda tu motivación.

> “¿Cómo vivirías si hoy fuera el inicio de algo maravilloso en tu vida?”

Vivir en el “no saber” puede ser una invitación, si así lo eliges, a explorar cada tramo de vida. Teniendo la oportunidad de hacerlo marcando una dirección interna, creando con tus pensamientos, emociones y energía aquella actitud más saludable para ti.

Toda información que recibes, mucha de manera inconsciente, se filtra a través de tus cinco sentidos y de tu estructura humana dimensional. A través de la sabiduría e inteligencia de tu cuerpo físico, mental, emocional y energético, creas tu realidad interna, que se refleja y retroalimenta junto con tu realidad externa.

Es así, con consciencia, como puedes virar tu dirección vital. Siendo consciente de cuál es la información que recibes, a cuál le prestas más atención y qué haces para potenciar aquella que es más saludable para ti. Entonces, cambiando y moldeando tu realidad interna y la relación con ella, se abre la posibilidad del cambio en la realidad externa. Como dice Marcel Proust: «Aunque nada cambie, si yo cambio, todo cambia».

Vulnerabilidad

Comprendida la primera paradoja, surge la segunda de manera natural e instintiva. La *vulnerabilidad*.

Cuando comprendes el *misterio* de la vida y la aventura a la que te enfrentas, desde un lugar de ignorancia e incertidumbre ante ciertos aspectos vitales, puedes sentir una sensación de pequeñez, de vacío e inseguridad. Fragilidad ante lo salvaje que se presenta la vida en su *misterio*, ante lo desconocido, transpersonal y espiritual.

Tranquilo, puedes respirar; la *vulnerabilidad* es algo inherente al ser humano porque todo nos toca y nos influye de alguna manera. Ahora, descubrirás cómo esta característica humana también nos permite desarrollar la capacidad de conectar con nuestro máximo poder personal.

Hay cientos de casos de personas que, en el momento de máxima oscuridad, en las crisis más profundas, cuando su *vulnerabilidad* se ha hecho presente en todas sus dimensiones, han encontrado la luz. Y con esto no quiero decir que necesites bajar a los infiernos para subir al cielo. Me refiero a que hay una capacidad instintiva en la naturaleza humana relacionada con la superación y la resiliencia que, si dejas que aflore y recorra contigo el camino, se hace presente, demostrando, paradójicamente, que nuestra *vulnerabilidad* es nuestro poder.

El ser humano, cuando siente peligro, se protege. Porque tiene en su ADN grabada a fuego la supervivencia. Toda nuestra vida, en las diferentes áreas, está diseñada para conectar con la seguridad. Hasta aquí, bien. Pero sucede que hemos transferido una necesidad de supervivencia biológica a una supervivencia psicológica: social, mental y emocional. Y esto hace que nos sobreprotejamos para no conectar con aquellas emociones desagradables que sentimos, generando una coraza que en los momentos más críticos nos ayuda, pero que, normalmente, abusamos de ella para enmascarar esa sensación de permeabilidad con todo lo que sucede a nuestro alrededor.

Si te haces consciente de tu *vulnerabilidad,* abriéndote al *misterio,* y te entregas a lo que sucede, nacerá en ti el coraje: "el traje del Corazón".

En nuestra educación se nos ha inculcado que la valentía es algo que se tiene que labrar, pero yo siento que es innata al ser humano. Nacemos en una tierra desconocida y aprendemos muchísimos recursos para poder "vivir" sin, como dicta el *misterio,* saber cuál es nuestro destino. Es por eso que, si aceptas tu verdadera naturaleza, no es necesaria una sobreprotección.

La supervivencia deambula en un fino hilo, haciendo que cada paso que das sea una oda al coraje y la valentía. No por ser un superhéroe, sino por ser humano.

Cada vez que decides escucharte, ser honesto, genuino, auténtico y vivir con plenitud cada situación de tu vida, estás haciendo honor a tu naturaleza. Con esto quiero decir que, si adoptas una actitud de apertura que permita que todo pase a través tuyo, tanto lo agradable como lo desagradable, conseguirás extraer el jugo del momento presente y transformarlo en experiencia y aprendizaje.

Para ahondar más en esta paradoja, quiero compartir contigo una experiencia que viví en mi primer Camino de Santiago, sencilla y profunda a la vez. Al menos, lo fue para mí en ese momento de mi vida.

Ahora diré una obviedad: iba caminando. Cuando, en un tramo del camino, enfoqué mi mirada al suelo y me di cuenta de que había pisado una fila de hormigas que se dirigían, con lo que parecía comida, a su hormiguero. Había sido un acto totalmente inconsciente, ingenuo, pero la verdad era que había acabado con la vida de algunas de ellas. En ese momento, me vi reflejado en su suerte y me di cuenta de la *vulnerabilidad* que atesora la especie humana. Creemos que la *vulnerabilidad* está relacionada con la falta de protección, la pobreza, la falta de techo, dinero y comida. Es cierto. La *vulnerabilidad* social es la más palpable a nuestros ojos, pero no la única.

Formamos parte del ciclo de la vida y la muerte, del nuestro y de muchas de las especies de este planeta. Esto es algo que no podemos obviar o dejar atrás. Miles de factores pueden hacer que choquemos de bruces contra él, tengamos una realidad que valoremos como más o menos estable, estemos siendo ricos o pobres, fuertes o débiles, hombre o mujer...

> "Por eso te invito a que te hagas consciente de la oportunidad que significa estar vivo, más allá de la situación vital en la que te encuentres, para desarrollar tu naturaleza. Reconociendo, además, que eres una persona con coraje y valentía. Actitud necesaria para conectar con el poder que vive en ti."

Mira, por ejemplo, el poder que tiene un bebé. En su máxima *vulnerabilidad*, no se vale por sí mismo, genera en los demás la motivación, la compasión y la ternura por cuidarlo y compartir un gran amor. Siendo su único acometido el ser y estar de manera natural, irradiando una belleza sublime.

Por todo lo compartido, te digo que identificar tu *vulnerabilidad* es una oportunidad para reconocer tu *Valor.*

Cambio

Tercera. Sumándose a las paradojas de *misterio* y *vulnerabilidad*, se descubre: el *cambio*.

¿Cuántas veces has menospreciado o criticado a una persona, lugar o situación con "Ya no es igual que antes"? Luchando por mantener algo que en su propio origen es imposible. Porque nada continúa igual, de la misma forma, todo cambia. Y eso significa que está vivo.

El *cambio* también es inherente al ser humano, a la naturaleza y al universo mismo. Por eso, en mi profesión, acompañando a personas en su desarrollo humano y profesional, no me centro tanto en el cambio en sí, sino en todo lo que podemos hacer para acompañarlo.

El *cambio* es maduración y crecimiento. Por eso, no ser el mismo de siempre es buena señal. Hay diferentes rasgos de tu personalidad que han cambiado porque has ido sumando experiencias, positivas y negativas, agradables y desagradables. Hecho por el cual se ha encendido la chispa para que, en pasos grandes, medianos o pequeños, te hayas convertido en la persona que eres hoy.

Por ello, no intentes vivir en un cuerpo, en una mente o en una emoción que caducó. Tal vez, la persona que fuiste antes era la indicada para dar respuesta a aquellas situaciones. Pero ahora, necesitas evolucionar tu versión para vivir en el momento presente.

Moldear creencias, emociones y valores en dirección a tu plenitud es un signo enorme de inteligencia. Te ofreces la posibilidad de convertirte, junto a tu realidad, en algo diferente cada día. A nivel externo y también interno.

Cuando cambias el filtro con el que te miras, la vida se transforma, surgiendo algo nuevo de lo que ya creías que conocías. Es en ese momento, cuando puedes escoger el mejor camino para lograr tu bienestar.

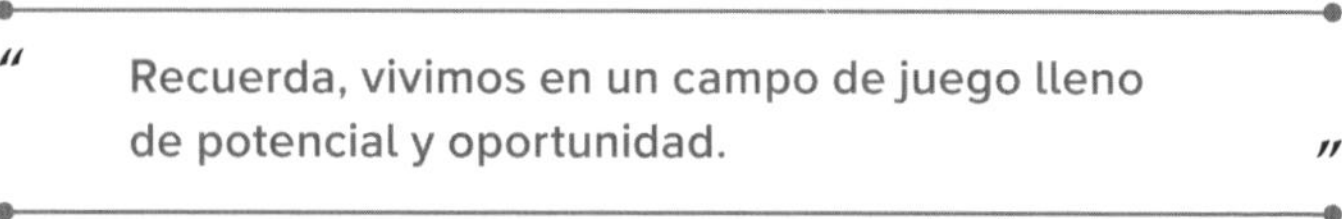

En ocasiones, nuestro filtro, la manera como nos percibimos a nosotros y a la vida, es el mismo durante un período largo de tiempo y por eso creemos que las cosas no cambian. Incluso a veces, nos aferramos a esa percepción aun sabiendo que, posiblemente, hay mejores prismas para disfrutar de la vida. Por ejemplo, cada vez que miras a alguien como un enemigo o un competidor en lugar de crear puentes de concordia, o cuando te focalizas en tus debilidades en vez de en tus fortalezas, no estás utilizando tus mejores recursos para sentirte bien.

Muy probablemente actúas así porque vives el *cambio* como una pérdida. Aunque de manera natural todo siga su curso, tú lo vives con dolor, resistencia, frustración, impotencia, etc. Porque crees que influye directamente en tu supervivencia. Pero, ¿y si no es así? ¿Qué pasaría si lo mejor está por venir?

El *cambio* se puede rechazar o aceptar, pero ¿se puede detener? Tus edades han cambiado, tu madurez, tus relaciones, tus expectativas, tus necesidades, tus creencias y valores, tus emociones… Incluso teniendo la ilusión de que sigues siendo la misma persona, las células de tu cuerpo han cambiado varias veces y, por lo tanto, eres diferente.

El *cambio* siempre es constante. Por eso, el resultado de aquello que te propones como objetivo y que deseas lograr es importante, pero tal vez no sea determinante. Sin embargo, todo lo que sucede durante el proceso para llegar a lograrlo es clave. Un aprendizaje que se integrará para siempre en ti.

Puedes conseguir diferentes metas y sentirte satisfecho durante un tiempo, pero la necesidad de crecer, de evolucionar y de cambiar se volverá a reactivar de nuevo. Por eso la importancia y el foco en el proceso de cambio más que en el resultado, porque necesitas el movimiento en tu vida, aquel que oscila entre el éxito y el fracaso, la rabia y la paz, el amor y el miedo.

Igual que el corazón, el órgano vital más importante, necesita la expansión y la contracción de sus ventrículos y sus aurículas para bombear la sangre por todo nuestro cuerpo, tu vida necesita el impulso del *cambio* para su desarrollo. El desarrollo y el crecimiento del ser humano que fuiste, el que eres y en el que te convertirás.

Trascender la paradoja

Las *tres paradojas* son importantes y esenciales para comprender la filosofía de "El *Valor* de Ser Humano" y dirigirte a una vida más saludable. Aunque quiero compartir una idea más contigo:

> " Hay una parte de nosotros que no está sujeta a estas *tres paradojas*. Es permanente, transciende el tiempo y el espacio, y vive más allá del *misterio*, de la *vulnerabilidad* y del cambio. "

En mis momentos de silencio, cuando únicamente pongo atención a lo que sucede en "mi" interior, me doy cuenta de que hay algo que siempre está ahí. A mí me gusta llamarle esencia, porque no es nada concreto y a la vez es nuestra definición más profunda. Es un vacío donde todo es posible, donde se encuentran todos los tiempos y circunstancias que has vivido y vivirás. No puedo definirlo mejor ahora mismo, cuando intento ponerle palabras se desdibuja. Compartiré contigo esta idea en los capítulos finales, acompañada de prácticas y recursos para facilitarte el éxito en esta propuesta.

Por ahora, te animo a que explores momentos de silencio para que puedas ir descubriendo por ti mismo de qué hablo. Estoy seguro de que será un regalo para ti. Una solución. El verdadero lugar donde se encuentra tu *Valor*.

3

IMPRESCINDIBLE EN TU VIDA

Tu corazón está donde está tu tesoro.
Y es necesario que encuentres tu tesoro
para que todo pueda tener sentido.

—Paulo Coelho

Ahora que ya conoces *las tres paradojas* y estamos mirando desde el mismo prisma, quiero seguir compartiendo contigo cómo reconocer tu *Valor.*

De inicio, te propongo una breve práctica:

En el lugar donde te encuentras ahora, leyendo este libro, identifica algo que consideres valioso y que pueda tener un sentido significativo para ti. Puede ser material o inmaterial.

¿Sí? ¿Ya lo tienes?

Seguramente, ese algo en lo que has puesto atención diga mucho de ti. Que lo hayas escogido habla de tus valores y de aquello que consideras más importante. También habla de tu personalidad, de cómo te relacionas con tu mente y con tus emociones, del significado personal que para ti representa lo escogido y de qué o de quién te acuerdas en este mismo instante.

Ahora, me imagino a tu lado y te veo mirando o incluso sosteniendo aquello que has elegido. Y te lanzo las siguientes preguntas:

¿Por qué has puesto atención en lo que hay a tu alrededor?

¿Qué ha hecho que tu foco se dirija directamente a los elementos y objetos que ahora mismo forman parte del espacio que ocupas?

Te recuerdo que lo que te he pedido es: "En el lugar donde te encuentras ahora, leyendo este libro, quiero que identifiques algo que consideres valioso y que pueda tener un sentido significativo para ti. Puede ser material o inmaterial".

¿Hace falta mirar más allá de ti?

El Valor que vive en ti

Una chispa se ha encendido en tu mente, porque es posible que no hubieras pensado en ti como algo valioso y significativo. Todavía recuerdo la cara de Laura, una chica de 30 años, en un proceso de Coaching, cuando se dio cuenta de que siempre se dejaba a un lado en todas sus decisiones vitales. Lo que ella sentía, quería y necesitaba quedaba en un segundo plano porque creía que no merecía ser importante. Pensaba que era un acto egoísta y egocéntrico. Sin darse cuenta de que el efecto que le ofrecía esa creencia iba en contra de su bienestar y que para ser feliz necesitaba reconocer que ella era imprescindible en su vida; por tanto, merecía un lugar igual o más relevante que todas las demás personas de su alrededor, dando voz a sus necesidades y estados emocionales.

El simple hecho de ocupar su lugar, simbólicamente, en esa sesión, transformó en alegría la tristeza de sus ojos. Y su postura transmitía, por fin, seguridad y confianza. Después se comprometió, de manera determinante, a escucharse, a cuidarse y a quererse. Cogiendo las riendas de su felicidad y logrando así su objetivo.

El centro como origen

El primer paso para empezar a generar los cambios que necesitas, en dirección a tu paz y bienestar, es situarte en el lugar que te corresponde. En el centro de tu vida.

Imagina que puedes observar ante ti un enorme tapiz. Tiene dibujado un bello mandala, con formas sinuosas y colores llamativos, ocupando gran parte de la tela. Pon atención a todos sus detalles, a la virtuosidad del trazo y a la creatividad que hay en todas sus formas. Es una obra de arte. Aunque si te fijas bien, todo el dibujo parte de un centro que se va expandiendo hasta ocupar los cuatro costados. Ese inicio concéntrico da sentido y sostiene el resto de la pintura y de la arquitectura del mandala. Podríamos decir que el dibujo existe gracias a ese primer trazo que da vida a todo lo demás.

Ahora, date cuenta de que esta metáfora habla de ti. Todo lo que sucede en tu vida pasa a través de ti. Eres ese punto concéntrico. Inicio y fin. El filtro por el cual se decantan las situaciones vitales que experimentas. ¡Ojo! Esto no quiere decir que lo único importante de la vida seas tú, o que te olvides de levantar la mirada para empatizar con las personas de tu entorno: familia, pareja, amigos…

Situarnos en el lugar que nos corresponde es un acto de generosidad hacia nosotros y hacia los demás, nada tiene que ver con el egoísmo. Es tan sencillo como darse cuenta de que sin nosotros lo que llamamos "nuestra vida" no existiría. Y, por lo tanto, tenemos el papel protagonista. Somos la actriz o el actor principal. La cámara está focalizada en nosotros, otorgándonos poder personal. Esta reafirmación de lo valiosos que somos nos devuelve aquella fuerza que, en muchas ocasiones, como te decía al inicio de este capítulo, depositamos fuera de nosotros.

Crecemos creyendo que necesitamos conseguir diferentes metas, objetivos y retos para lograr aquello que llamamos felicidad. Pero date cuenta de que esa propuesta es muy frágil. Porque, aunque podamos acercarnos a lo que queremos y generar una actitud de compromiso y motivación para tener la vida que deseamos, siempre hay aspectos que se escapan a nuestro control y no dependen de nosotros. Entonces sentimos rabia, frustración e impotencia porque no somos la persona que queremos ser.

Ilumina tu personalidad

La clave para este conflicto interno está en pasar de una vida pensada a una vida vivida. De lo que deseamos a lo que experimentamos puede existir un abismo. En ocasiones, queremos cumplir el deseo de una imagen perfecta o una expectativa socialmente aceptada que está realmente lejos de lo que necesitamos, para poder mirarnos al espejo y decir: «ya me he construido con todos los fascículos que me ha ofrecido esta sociedad, debería, ahora sí, ser feliz».

Si te das un espacio para parar, respirar y dejarte sentir lo que has leído en el último párrafo, algo en ti te dirá que esa manera de funcionar y relacionarte con la vida no es saludable para ti. Si te vives como una colección de piezas que debes ir consiguiendo, la fragilidad y la inestabilidad seguirán siendo tus compañeras de viaje. Quiero decirte con esto, que no se trata de conseguir, de ir a buscar, de completarte, sino de reconocer quién eres. De darte cuenta de que ese poder personal que depositas en la consecución de metas externas, nace de ti.

Comparto contigo una metáfora que me acompaña en las charlas, talleres y formaciones de "El *Valor* de Ser Humano":

> "Imagínate un vaso transparente que tiene una vela, con una llama infinita, encendida dentro de él. Entonces, el vaso, porque lo has descuidado, se ha ensuciado tanto que no puedes ver la luz que contiene. Tú sabes que, aunque no puedas ver la luz, la vela sigue ahí y lo único que necesita el vaso es ser limpiado para que pueda reflejar y transmitir de nuevo todo lo que contiene.
> En esta metáfora, el vaso representa tu personalidad: tus acciones, tus creencias, tus emociones y la relación que estableces entre ellas. La llama y la vela representan tu poder personal, la sabiduría y la belleza que atesoras, la capacidad de cambio y superación, y todas las habilidades que tienes el potencial de desarrollar."

Para integrar esta metáfora comparto una breve práctica:

—Cierra los ojos y realiza tres respiraciones profundas para entrar en esta visualización.
—Imagina la vela y la llama en el centro de tu pecho: otórgale un color, una intensidad, un tamaño y un olor que represente tu poder, sabiduría y belleza.
—Por último, permanece todo el tiempo que quieras observándola y sintiéndola, para después abrir los ojos de nuevo, a tu ritmo.

¿Cómo te sientes después de esta visualización? ¿Qué hay de diferente en ti?

Darse cuenta

Aunque hayas vivido diferentes situaciones desagradables y limitantes, y ahora no puedas ver el amor, la confianza, la seguridad, la motivación y todo lo que vales, no significa que tu poder, sabiduría y belleza no sigan estando en ti. Empieza a poner consciencia en cuáles son las creencias, emociones y actitudes que hacen que tu luz no se transmita en tu día a día. Pon atención a qué hace que el vaso sea opaco.

En ocasiones, vivimos experiencias que nos llevan a la pesadumbre, a la tristeza, la inquietud, el miedo o la ansiedad, y fácilmente nos dificultan que veamos la parte bella y positiva de la vida. Pero para reconocer y volver a descubrir nuestro *Valor* es imprescindible atravesar esos momentos. Así que, si ahora estás en uno de ellos, que sepas que tienes la puerta abierta al cambio. Pero como seguramente no sea fácil de transitar, puede ser un momento que recorras pidiendo ayuda. Para, como sucede en los túneles, ir iluminando la sombra con pequeñas luces hasta llegar al final y salir a cielo abierto, recuperando el bienestar que te pertenece.

Lo sé por mi experiencia personal, conmigo mismo, y profesional, con todas las personas que he acompañado y sigo acompañando. He visto a muchos clientes que han recuperado el brillo en sus ojos. Se han dado cuenta de lo realmente importante para ellos, comprendiendo que está mucho más cerca de lo que pensaban. Para escucharnos, respetarnos, cuidarnos y querernos no hay que ir muy lejos; únicamente, empezar por reconocer qué estamos sintiendo y pensando, y saber si esas emociones y creencias van en la dirección correcta para nosotros. Si nos hacen sentir bien, realizados y en paz.

El darse cuenta, de por sí, ya remueve las estructuras y genera cambios. Por cierto, ten claro que estos influirán íntegramente en tu vida, en cada uno de los ámbitos que la forman. Lo cual es necesario para alinearte con lo que necesitas y ocupar el lugar que mereces; aquel que siempre ha estado en ti.

4

CAMBIO DE PERSPECTIVA

El momento en que cambias tu percepción
es el momento en que reescribes
la química de tu cuerpo.

—Bruce H. Lipton

Cuando estás en tu centro, en paz y armonía contigo mismo, y ocupas el lugar que sientes que te corresponde, te das cuenta de que, aunque las distintas áreas de tu vida –familia, amistad, trabajo, etc– son importantes, donde realmente se produce un cambio que influye de manera directa y poderosa en tus áreas vitales es en tu interior. En la relación que estableces con aquello que sucede en ti, gestionando tu dimensión física, mental, emocional y energética.

> “No se trata tanto de un cambio en la forma,
> eso sucederá de manera natural, sino del fondo.
> De la mirada y atención con la que enfocas cada palmo
> de tu cuerpo, cada pensamiento o creencia, emoción
> o estado energético en el que te encuentras.”

No hay un recorrido mágico, si entendemos magia como pasar rápidamente, en un abrir y cerrar de ojos, por aquello que nos genera más limitación y resistencia, eliminándolo de un plumazo. Es importante sumergirnos en cada experiencia que nos sucede, tomando distancia del juicio dualista de bien y mal que se da en nosotros con tanta facilidad. Realmente, hasta que no vemos con amplitud y distancia aquello que hemos vivido es difícil saber si aportará algo rico y saludable a nuestra vida o, por el contrario, nos sumirá en el malestar.

Cuántas veces aquello que parecía un milagro se ha convertido en una pesadilla, y aquello que parecía estar destinado al hastío ha sido la mayor oportunidad de tu vida.

Dicho esto, vuelvo a la metáfora del vaso y la vela. Has podido sentir como tu *Valor* sigue intacto, como la luz de tu presencia, el poder, la sabiduría y la belleza de tus capacidades están siempre en ti. Aunque en diferentes situaciones y circunstancias de tu vida sea difícil verlo o incluso intuirlo.

Pero ahí está la clave, justo en este momento.

Eres pura capacidad

Más allá de cómo te percibas ahora, te digo, sin miedo a equivocarme, que estás hecho de capacidad. Vacío fértil. Potencial. Y, por si no me explico bien, te lo aclaro con un ejemplo:

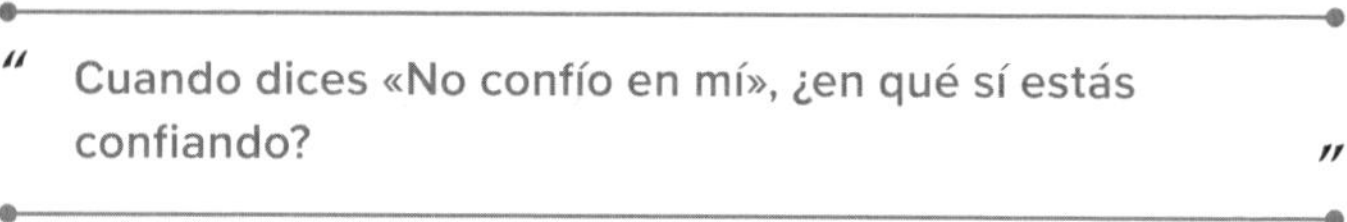

¿Lo ves? Sí, justamente estás depositando tu fe y credulidad en esa frase. Además, esa afirmación, en estos momentos, forma parte de ti. Por lo tanto, no es que no confíes en ti, sino que estás depositando tu capacidad de confiar en un pensamiento o creencia que te limita. Que te hace sentir más pequeño y débil.

Cómo crees que te sientes respecto a tu confianza cuando te fijas en aquello que se te da bien, cuando comparas tus avances contigo mismo y no con alguien externo, cuando te permites hacer aquello que te da miedo. La confianza está muy conectada a la seguridad, pero no quiere decir ausencia de miedo, nervios, rabia o tristeza.

Confiar, para mí, significa que vives todas y cada una de las situaciones que te pone la vida delante de manera plena. Con todo el abanico de emociones y creencias que rondan por tu mente y tu corazón. Las que te generan bienestar y también las que te pueden hacer sentir mal. Teniendo presente la capacidad y la posibilidad de elección que tienes, para depositar tu confianza en aquello que es mejor para ti.

Espero que ahora haya quedado más claro a qué me refiero con el cambio de perspectiva o mirada. Se trata de ver lo de siempre con un prisma diferente. Entonces, al verlo de manera distinta, permites que el cambio suceda.

Así, cuando te miras como un ser humano capaz, estás enviando el mensaje a tu cuerpo físico, mental, emocional y energético para expresarse de maneras diferentes y explorar dónde están realmente tus límites. Perdón, cambiando la perspectiva: explorar dónde están tus dones. Sí, yo también sigo entrenando el cambio de mirada.

Por si hace falta aclararlo: ser capaz no significa que puedas conseguir todo aquello que te propones, sino estar alineado con quién eres. Un cocodrilo, por mucho que se sienta capaz y lo intente, no volará. Pero sí puede expresar sus habilidades en su máximo potencial y dar el mejor mordisco.

Por lo tanto, ver y sentir tu poder, sabiduría y belleza, no solo hace que reconozcas que eres un ser humano capaz, sino que también te empuja a reconocer tus habilidades y a vivir la persona que eres a través de la coherencia, el equilibrio, la armonía y la autenticidad. Dedicando tus esfuerzos, de manera eficiente y eficaz, a aquellos elementos de tu personalidad que te acercan a tu bienestar.

Mírate con abundancia

El cambio de perspectiva influye en la confianza y también en tu autoestima. Tienes la capacidad de amar y amarte. Estoy seguro de que en las diferentes áreas de tu vida puedes identificar personas, animales, lugares y cosas que quieres. Así que, tal vez, estés de nuevo enfocando tu atención en aquello que no aceptas de ti, por gusto, expectativa o comparación.

> “¿Estás seguro de que, de todo lo que eres, ocupa un territorio más grande aquello que rechazas de ti? ¿O simplemente le estás dando más importancia?”

He acompañado a personas en procesos de coaching que vistas desde fuera se las podría considerar personas *TOP*. Y, sin embargo, ellas se veían todo lo contrario.

Recuerdo a Pol, un hombre de 50 años, que su objetivo era confiar en sus habilidades e intensificar su formación académica para ofrecer un mejor rendimiento en su trabajo. Llevaba toda la vida, desde los 18 años, trabajando en el mismo ámbito y ahora le había contratado una multinacional. Pensaba que sus compañeros, la mayoría más jóvenes, estaban mejor preparados porque tenían un nivel académico superior y que a él lo iban a despedir.

Mi primera pregunta fue: ¿por qué crees que te contrataron?

Su respuesta: «Porque tengo mucha experiencia y, aunque ahora sea una profesión más técnica, el trato con el cliente es mi mayor virtud».

Entonces, con el trabajo en las sesiones, se dio cuenta de que tal vez podía adquirir nuevos conocimientos para sentirse más capaz, sin necesidad de compararse ni tener los mismos conocimientos que algunos de sus compañeros, pero que podía ofrecer mucho porque ellos no tenían su habilidad en el trato con el cliente. Además de ser una persona inteligente, responsable, profesional, amigable y con unos valores muy saludables.

Para sentirse merecedor de su puesto, lo más urgente era confiar y creer en él. Más importante, incluso, que mejorar sus conocimientos técnicos. ¿Por qué? Porque su mirada estaba dirigida y enfocada en la escasez, en aquello que creía que le faltaba. No se daba cuenta de que aquello que consideraba que no tenía era un espacio para hacer crecer su valor diferencial, lo que verdaderamente era un regalo para él y el resto de los profesionales.

Haz bien lo que haces bien

Como seguro que ya sabes, cada uno de nosotros tiene unas habilidades y capacidades diferentes. Podríamos decir que, con grandes o pequeños matices, todos somos especialistas en algo.

Si se te da bien dar los buenos días a quien te encuentras por la calle, poténcialo. Da los mejores "buenos días" del mundo en tu saludo. Desarrolla esa capacidad y acepta, acompaña y sostén aquello que no se te da tan bien. Por supuesto, sin dejarlo de lado o abandonarlo.

La gran mayoría de las personas tenemos la creencia, incluso la necesidad o el impulso instintivo, de que debemos ser cada vez más completos. Asociando esta idea a adquirir nuevas habilidades y capacidades. Hasta aquí bien.

El conflicto interno, e incluso externo, surge cuando queremos desarrollar todas las habilidades por igual para dar respuesta a todas las situaciones y retos que se nos presentan en el día a día. Sintiendo que todo en nosotros son fortalezas, sin un ápice de fragilidad o vulnerabilidad.

Si te sientes identificado con esto, significa que has comprado la papeleta de la perfección. Y con esta actitud es muy posible que sientas frustración, impotencia, ansiedad o estrés, más de lo que te gustaría. Intentar estar siempre al 100% es un mal negocio, porque entonces es posible que no puedas dar respuesta a todas tus necesidades. Tampoco al descanso y al cuidado personal.

El máximo de ti

> "¿Te levantas cada día con la misma energía? ¿Tienes claras tus prioridades? ¿Encuentras equilibrio entre tus responsabilidades y necesidades?"

Con la respuesta a estas preguntas puedes descifrar el motivo por el cual te digo que intentar estar siempre al 100% es un mal negocio. Porque comprar la papeleta de la perfección significa que tus necesidades pasan a un segundo plano. Tal vez piensas que lo importante es cumplir con todo aquello que debes hacer, sin revisar si es adecuado hacerlo en este momento o si es la mejor opción de llevarlo a cabo.

Tengo claro que cada día tenemos responsabilidades y compromisos que cumplir, algunos más agradables que otros, y que nuestro día a día lo llevamos *on time*. Pero, por esto mismo, es importante que puedas regular tu implicación y tu energía.

Hay un concepto que cada vez se repite con más asiduidad y, bien entendido, me gusta mucho. Lo que llaman *"tu mejor versión"*, dar el máximo de ti. Quiero que comprendas que hacer el máximo posible depende de diversos factores. Algunos relacionados contigo, tu estado físico, mental, emocional y energético, y otros relacionados con el entorno y las circunstancias. A veces, tu máximo, o tu mejor versión, está en el cien por cien y otras está en el sesenta o incluso en el treinta por ciento. Es importante que puedas darte el permiso de mostrar tu mejor versión, teniendo en cuenta que esta es dinámica y que puede cambiar y fluctuar según el punto vital en el que te encuentras.

En este cambio de perspectiva que te propongo, no estás solo. Si te sientes parte de un equipo mayor, la humanidad, nada se queda por hacer. Tal vez no le puedas poner el pronombre personal "yo", pero sí "nosotros". Por lo tanto, no necesitas llegar siempre a todo. Delega, reparte, confía en el *Valor* de los demás y céntrate en lo que es realmente importante y esencial.

Juego de reflejos

En la PNL, Programación Neurolingüística, existe el recurso de las posiciones perceptivas, un juego mental donde te observas en segunda persona. Como si pudieras salir de tu cuerpo, dando un paso al lado, viéndote a ti y la situación que vives con otra perspectiva.

Con esta idea, te propongo un reto. Sé que en un inicio puede resultar algo difícil de lograr, pero en este punto del libro ha llegado el momento de hacerlo:

En el cambio de perspectiva son importantes las palabras, porque son el molde por donde fluyen nuestras creencias y emociones. Hablarte bien y potenciar una comunicación comprensiva contigo

Sitúate delante de un espejo en el que puedas verte bien.

¿Qué ves?

Delante de ti está la persona más importante de tu vida.

Mírala a los ojos.

Es quien te ha acompañado en los mejores y en los peores momentos de tu vida. Siempre ha estado ahí, sin excepción. Ha invertido toda su energía en poder comprenderte, con el objetivo de hacerte sentir lo mejor posible.

Es momento de compartir lo que sientes:

—A través del agradecimiento. Te agradezco...

—A través del perdón. Te perdono por...

—A través de la alegría. Te sonrío por...

—A través del amor. Te amo...

—A través de la confianza. Eres capaz de...

—...

Siéntete libre de compartir todo lo que necesites. Tómate todo el tiempo que sea necesario. Es un momento íntimo contigo mismo, a solas.

Ahora responde estas preguntas:

—¿Cómo ha sido la experiencia?

—¿Qué sientes al hablarte?

—¿Qué es lo que más te ha ayudado?

—¿Cuánto más lo vas a hacer?

mismo es un regalo para ti. Una manera de ofrecerte ayuda. Comprendiendo que en todo momento estás siendo tu mejor versión.

5

BENDITA NORMALIDAD

En todas las cosas pequeñas y menudas de cada día
hay un sentido para ser desvelado,
un mensaje para ser descifrado,
una llamada para ser respondida
y una misión para ser cumplida.

—José María Toro Alés

Con el cambio de perspectiva, quiero que sepas que no necesitas nada extraordinariamente vistoso o considerado exitoso socialmente para reconocer y mostrar tu *Valor*.

> "En la cotidianidad de tu día a día, en lo sencillo y simple, se encuentra lo bello. En la mirada, en los gestos, en la sonrisa, en el abrazo, en el perdón o en la ayuda."

Creemos que para ser reconocidos necesitamos ser vistos por mucha gente, que nuestro nombre y nuestra imagen sea reconocida y aclamada. Queremos éxito, abundancia, grandes riquezas y posesiones, dejar huella en el mundo o ser famosos, todo aquello que en muchas ocasiones nos distrae de estar en nosotros y compartirnos desde un lugar auténtico. Sin la necesidad de querer mostrar una personalidad que, aunque aceptada socialmente, no es la nuestra.

Distopía humana

En estos momentos vemos que el estrés, la ansiedad y la depresión recorren nuestras calles. Somos los vehículos donde se transportan. Y no nos damos cuenta de que por la exigencia tan feroz que nos hemos autoimpuesto, con el beneplácito de una sociedad de la producción y el consumo exacerbado, estamos intentando alcanzar un ideal que se aleja velozmente de una vida de a pie.

No lo digo tanto por si tenemos más o menos dinero o por si nuestras posesiones son mayores o menores, sino por la relación que establecemos con todo ello. Parece que nada nos vale y que siempre queremos más. Nos vanagloriamos de buscar un extra de motivación que nos ayude a conseguir todo lo que deseamos, en el tiempo y en la forma que queremos. Creyendo que la felicidad reside en la consecución de esos deseos y que, una vez logrados, el cielo estará en nuestras manos. Podremos vivir en paz.

Así, colocamos la zanahoria delante de nosotros y la perseguimos sin cesar. Generando cansancio, desgaste y hastío. Entonces, llega un momento en que nos decimos: "¿y si cambio la zanahoria por una manzana? Sí, la manzana es mucho mejor. Ahora sí voy a ser feliz. Esto es lo que realmente quiero". Hasta volver a completar el círculo, volviendo al cansancio, al desgaste y al hastío.

Por eso te invito a volver a ti. Que en vez de distraerte, alejándote, te traigas hacia tu interioridad.

Piensa en el estrés que te produce el ir detrás de aquel objetivo que siempre requiere más. Obsérvate. Escucha como se acelera el latido de tu corazón. Siente la respiración rápida y superficial. Las sensaciones y emociones desagradables que aparecen. Mira lo que te dices y cómo te relacionas con los demás.

Ahora, recordando ese estado de tensión, pregúntate:

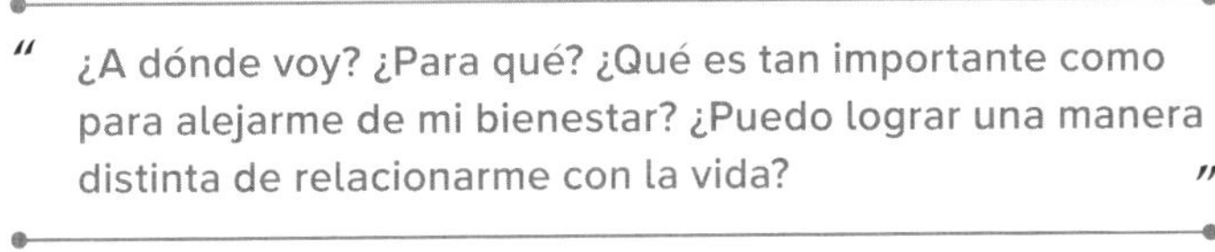

"¿A dónde voy? ¿Para qué? ¿Qué es tan importante como para alejarme de mi bienestar? ¿Puedo lograr una manera distinta de relacionarme con la vida?"

El privilegio de vivir

En lo cotidiano de la vida, encontramos lo extraordinario. La belleza se descubre cuando vivimos y miramos la vida con la curiosidad y la inocencia de un niño, fuera de toda ingenuidad. En ocasiones, para darnos cuenta de ello, necesitamos atravesar una situación crítica. Entonces vemos con los ojos del Corazón qué es lo más importante de nuestra vida. Nos alineamos de nuevo con nuestros valores, para relacionarnos y cultivarnos desde el amor, la amistad, la vocación...

Un simple paseo, compartir momentos agradables con los amigos, la familia o la pareja, disfrutar de una comida deliciosa, viajar, sentirte independiente, personal y económicamente, son un privilegio. Y para hacer esta afirmación, me remito a la gente que ha dejado de hacer, por un tiempo, las acciones que comento. ¡Cuánto lo echan de menos! ¡Cuántas ganas de volver! ¡Cuánto valor le dan! Y ¡cuánto placer y belleza encuentran en ello! Viven con más intensidad cualquier detalle y situación por simple que parezca. También las personas que acompañan más de cerca estas situaciones generan un cambio: familiares, amigos, compañeros, etc.

Recuerdo a mi padre, en uno de los momentos más difíciles de su vida. Para ser honesto, uno de los momentos más difíciles de nuestra vida, de toda la familia. Se presentó ante nosotros la enfermedad temida, el cáncer. Un compañero de baile desagradable, que se resistía a dejarnos y que nos enfrentó, sobre todo a mi padre, al dolor, al miedo y a la pérdida.

Fue una retahíla de duros golpes que entrecortaban nuestra respiración y que nos mantenían en un estado de tensión constante, con la esperanza y la desesperación cogidas de la mano. Con el éxito y la felicidad de las operaciones que extirpaban los tumores y el consiguiente sentimiento de fracaso cuando volvían a aparecer. Aunque en esa oscuridad, siempre aparecían momentos de luz. Comparto contigo un momento imborrable. Después de la primera operación, mi padre y yo pasamos la noche en vela, sin dormir ni un solo minuto, hablando de cómo estábamos viviendo y afrontando la enfermedad, jugando en papel, recordando momentos felices y, sobre todo, escuchándonos el uno al otro. Por supuesto, ya lo habíamos hecho muchas veces antes de llegar a ese momento, pero ahí fue especial. Por la entrega, el cariño y el cuidado que merecía la ocasión. Sentí que era afortunado de hablar así con mi padre.

Qué decir del papel de mi madre, la fortaleza hecha mujer. Sosteniéndonos. Cuidando de mi padre, de mi hermano y de mí. La resiliencia por bandera. Un ejemplo de cómo afrontar momentos duros en los que además muchos factores no dependen de uno mismo. También compartiendo su vulnerabilidad, la tristeza, el miedo y la rabia de ver que después del alivio venía de nuevo la tensión.

Y mi hermano, ocupando y liderando la empresa familiar. Al servicio de las necesidades que surgían. Con una madurez temprana y muy capaz.

Quiero destacar también la delicadeza, el cariño, la responsabilidad y la profesionalidad de todas las personas, enfermeros, enfermeras, doctores y personal de limpieza, que acompañaron a mi padre dentro del hospital. Poder ver, en aquellas circunstancias, estas cualidades y ese *Valor* personal hizo despertar en nosotros un agradecimiento enorme. Ayudándome a seguir descubriendo la belleza que existe en todos los recovecos de nuestra vida y de nuestra historia.

Después de todo, y recuperándose, cuando mi padre volvió a casa con unas cuantas operaciones a sus espaldas, algunas de urgencia y comprometidas, y más de un mes hospitalizado en plena pandemia del COVID, lloraba por sentarse en "su" sofá, por poder celebrar nuestro cumpleaños juntos, nacimos el mismo día, por dormir acompañado o por ducharse en su baño. Cada momento, aunque vivido muchas veces antes, era nuevo. Y para nosotros, su familia, una lección de vida.

Por un lado, el coraje, la resiliencia y la humildad con la que afrontar los momentos difíciles. Por otro lado, la belleza de la gente que le cuidaba, que no éramos nosotros, con dedicación y delicadeza.

Con esto, he reforzado la idea y la vivencia de que formamos parte del mismo sistema; el dolor y la alegría de uno es el dolor y la alegría de todos, aunque no siempre seamos capaces de reconocerlo.

> "La compasión, la ternura, la empatía, el compañerismo, el amor y otros sentimientos de gran valor se intensifican ante las situaciones más crueles de nuestra existencia. Somos un equipo y de las experiencias que compartimos podemos aprender todos. El tiempo pasa rápido, la mayoría de las veces; por eso, ahora, vuelve a ti, convive mejor contigo y estarás ofreciendo un regalo al mundo."

Filtrando la experiencia

Bendita normalidad, aquella que nos acerca a lo que somos y nos permite experimentar, relacionarnos y conocernos. Por ejemplo, nuestro día a día nos permite ver la belleza en la mirada brillante de un niño, en el amor que nos transmiten nuestras mascotas, en nuestros aciertos y torpezas, en la naturaleza que comparte nuestras mismas calles y, sobre todo, en las capacidades y habilidades personales que hacen posible que hagamos de este mundo un espacio mejor.

Estamos en una realidad salvaje. Encontramos lo simple y lo complejo, lo fácil y lo difícil, el amor y el miedo, la vida y la muerte. Depende de nosotros que enfoquemos nuestra mirada en aquello que nos refuerza, que facilita la creación de emociones y pensamientos agradables. De nosotros depende vivir con el filtro oscuro o luminoso de la vida.

Fíjate en todo aquello que sucede en tu día que puede ser digno de agradecimiento. Aquellas acciones que generan emociones y pensamientos agradables y que te hacen sentir orgulloso. Haz un registro mental de todas ellas y cuando dudes de ti o de la sociedad, piensa en esa información que has guardado en tu mente. Puedes encontrar acciones en forma de tesoros en cualquier situación, en el mínimo detalle. Solo hace falta que entrenes tu mirada y tu atención para detectar lo que aumenta tu bienestar y da sentido a tu vida.

Por eso, no te preocupes si en este momento estás en el lado oscuro; todo es un ciclo. Volverás a sentirte bien. Lo mejor de ti te espera, te anima y te acompaña en tu dolor y sufrimiento.

Ahora puede que sea difícil, pero lo que vives es solo un fragmento de tu obra. Te darás cuenta cuando puedas verla con más amplitud. La película de tu vida es extensa y goza de todos los colores que van del negro, oscuridad, al blanco, luz. Lo que ahora vives, aunque no te lo creas, puede ser una oportunidad para más tarde llegar a tu destino.

> “En la *bendita normalidad*, el aprendizaje está a tu servicio. Si encuentras la belleza que se esconde en las situaciones cotidianas, descubrirás la sabiduría que hay en ti.”

Una nueva mirada

«Delante de una misma situación, dos personas pueden experimentarla de manera totalmente diferente. A la primera la puede hundir, a la segunda la puede sacar a flote», a eso me refiero.

Ten presente un espacio en tu mente para la mirada positiva, porque el desenlace, el final de la película, nadie lo puede saber. El milagro también forma parte de la cotidianidad.

Pon atención a los eventos de tu día a día. Déjate sorprender. Permítete mirar como si aquello que está delante de ti no lo conocieras, como si fuera la primera vez que te lo encuentras. Y, ¡experimenta el cambio!

Nuestro cerebro produce paquetes de información para que seamos más eficientes y eficaces con la energía que disponemos. Cuando hemos generado un hábito y se ha automatizado, nuestro inconsciente toma el control y provoca la pérdida de muchos detalles que nuestro órgano cree que son innecesarios. Entonces, tenemos la falsa creencia de que ya conocemos a aquella persona, lugar, animal o cosa. Y al darlo por hecho, ya no volvemos a verlo más. «Cuando pones nombre al pájaro, dejas de ver al pájaro», decía el monje a su discípulo.

Para conectar con *la bendita normalidad*, necesitamos ser investigadores y exploradores de nosotros y de nuestra realidad. Así, la sorpresa que nos producirá ver lo nuevo nos acompañará a conectar con la plenitud de la vida.

Por tanto, esta normalidad que os comparto no es aquella que hace que todo sea igual para y por siempre. No es un estado de estancamiento donde podemos utilizar esa frase tan familiar: «Yo soy así y nadie me va a cambiar», sino el camino natural de la vida. Aquel que nos va cambiando y nos transforma todas las veces que necesitemos para llegar a lo más auténtico de nosotros. Un camino extraordinario y bello donde lo desagradable y lo agradable se dan la mano, donde la alegría y el dolor conviven.

Así pues, permítete dar un paso en esta dirección, valora cada detalle, experimenta cada situación y sumérgete en *la bendita normalidad*.

Para ello, te propongo una breve práctica:

Ahora, en este momento, pon atención a tus cinco sentidos:

¿Qué ves?

¿Qué oyes?

¿A qué huele?

¿Qué sabor hay en tu boca?

¿Cómo es el tacto de tus manos o tu piel?

¡Céntrate en el momento presente!

Observa cada palmo de lo que estás haciendo, pensando y sintiendo, porque estás generando una nueva relación contigo y con tu entorno.

El momento presente es la oportunidad para que se descubra la belleza. Aquello que el principito resumía en su famosa frase «*Lo esencial es invisible a los ojos*».

Pon atención a los matices y agradece que, a cada momento de tu vida, tengas el privilegio de ser el protagonista de este acontecimiento. No tengas el ímpetu de cambiarla. Deja que te moldee y acompáñala con lo que te ofrece para tener así la oportunidad de reconocer su *Valor* y su belleza.

6

EL HÁBITO QUE HABITAS

No es lo que hacemos de vez en cuando
lo que da forma a nuestras vidas,
sino lo que hacemos constantemente.

—Tony Robbins

Cuando nuestra mirada se entrena para ver la belleza, incluso en el dolor o en la vulnerabilidad, nos damos cuenta de que estamos creando nuestra propia vida. Que la interpretación sobre nosotros mismos y lo que vivimos es auténtica, única y original. Por eso, el hábito sí hace al ser humano.

> "Nuestras conductas, la manera en la que pensamos y cómo nos relacionamos con nuestras emociones, también son hábitos."

En diversos procesos de Coaching me encuentro con la necesidad que tiene el cliente de generar hábitos para conseguir sus objetivos. Para tener un discurso mental más saludable, gestionar el estrés, liderar su equipo, alimentarse mejor, relacionarse más positivamente con su pareja, dejar de fumar, realizar actividad física, aumentar su autoestima o conocerse mejor.

Hasta aquí todo correcto. Sabemos que los seres humanos somos "animales de costumbres" y es por eso, que el entreno y la repetición de una determinada actitud harán que esta se integre en nosotros hasta realizarla de manera automática e incluso inconsciente.

Aunque la frase que más escucho en estos casos es: «Es que no tengo el hábito». Y la pregunta que realizo a continuación es: Si no tienes el hábito que te acerca a tu objetivo, ¿qué hábito sí estás teniendo que te aleja?

La intención positiva

Los seres humanos habitamos en nuestros diferentes hábitos. Nos hemos creado a través de automatismos, de materia inconsciente y subconsciente que nos guía en nuestros haceres. Es por eso por lo que, en ocasiones, nos resulta difícil cambiar nuestra actitud, las creencias con las que nos relacionamos o las emociones que sentimos. Porque hemos generado un mapa interno, lo hemos fortalecido y le hemos dado identidad: el yo soy.

Cambiar este mapa interno, que en muchas ocasiones no somos conscientes de haberlo creado, necesita de nuestra perseverancia, empatía y resiliencia. Un camino que puede resultar arduo si lo enfocamos con la urgencia del cambio, sin entender que nuestro hábito actual, aquel que queremos cambiar, tiene una intención positiva.

Podríamos decir que la intención con la que realizamos la mayoría de nuestras acciones siempre es positiva. Aunque el resultado, o el camino elegido para llegar a él, no sea el más saludable o adaptativo, ni para ti, ni para tu entorno.

Recuerdo a Sara, una chica de 28 años, que su objetivo en el proceso de Coaching era dejar de fumar y comer alimentos nutritivamente más saludables. Cuando llegó a mi despacho, me contó que llevaba mucho tiempo intentando cambiar y no lo había conseguido. Dejaba de fumar y comía diferente durante un tiempo, y luego volvía a las andadas. En la primera sesión le pregunté: ¿Qué pasaría si dejas de querer cambiarlo? Y soltó un soplido de alivio. Se relajó.

Con esa tranquilidad, en las siguientes sesiones llegó a la conclusión de que fumar e ingerir comida "basura" era su manera de aliviar el estrés y, además, conseguir una sensación placentera que le hacía sentirse mejor con ella misma. Esta era su intención positiva.

A partir de aquí, se propuso cambiar creencias, gestionar sus emociones y realizar acciones más saludables que le permitieran el mismo resultado. Y se dio cuenta de que lograba reducir el estrés y sentirse mejor con ella misma, dejando el tabaco y consumiendo comida más rica en nutrientes. Ahora sabía qué función tenía el antiguo hábito y, con más comprensión sobre sí misma, podía generar uno nuevo.

Comprenderlo la acercó en gran medida a lograr su objetivo, y si vuelve, en alguna ocasión, a fumar y consumir comida "basura", sabrá qué estado mental, emocional y energético hay detrás, y tendrá más fácil el poder cambiarlo. Será libre para elegir volver al antiguo hábito o habitar el nuevo para siempre.

> "Comprender que vamos en dirección a nuestro bienestar puede rebajar la tensión y el conflicto interno a la hora de querer cambiar aquello que no nos gusta de nosotros."

De hecho, si ahora comparto contigo cuál es para mí el mejor hábito que habitar, te digo la contemplación y la comprensión. Y tal vez esta idea te pueda resultar inquietante, pero me he dado cuenta, en el camino de reconocer nuestro *Valor* y generar el cambio en nuestra realidad, que es importante identificar dónde inviertes tu energía y que es sumamente complicado que puedas cambiar aquello que no comprendes. Por ello, el primer paso siempre es percibir, intuir o saber qué está haciendo que ahora tengas ese comportamiento.

El proceso del hábito

Los cambios en nuestra vida se van sucediendo de manera natural. Ahora bien, cuando hay un malestar o una crisis, activamos el gen del cambio para acelerar el proceso. Las personas hemos aprendido a desarrollarnos cuando estamos en una situación límite y el malestar se hace tan grande que es inevitable mirar hacia otro lado. Y aunque no es la única manera, sí es la más utilizada.

Te lo voy a ilustrar con el ejemplo del cactus. Imagínate que tienes un cactus en tu casa al cual le has cogido mucho cariño. Cuando lo tocas para demostrarle tu amor, te pincha; sin embargo, no puedes dejar de hacerlo porque claro, es tu cactus. Únicamente elegirás cambiarlo cuando el dolor al tocarlo supere tu capacidad de aguante. Mientras tanto, seguirás con él. El cactus, en este ejemplo, representa tu hábito.

Parece, entonces, que aquello que llaman la «zona de confort» no siempre es agradable, ni saludable. Por eso a mí me gusta llamarla la «zona de seguridad». Porque en ocasiones de confort no tiene nada. Tal vez sí es muy apetecible para tus viejos hábitos y, por ello, necesitas llegar a una situación límite para que la ira, la frustración o la impotencia te ayuden a mantener el paso firme hacia tu nuevo y saludable objetivo.

Pero, como te decía, no es la única manera.

También podemos acompañar el cambio de hábito a través de un continuum de bienestar, manteniendo un estado saludable. Teniendo una actitud proactiva y ofreciéndonos a cada momento aquello que sabemos que es mejor para nosotros, aunque pueda resultar tedioso, aburrido o cansado. Me gusta decir que adquirir un nuevo hábito es ingrato, ya que tienes que invertir mucha energía para generar los nuevos circuitos neuronales, pero que el resultado siempre es gratificante. Sea como sea que lo logres, si por la crisis o por el contínuum de bienestar, fíjate que la intención siempre es sentirte mejor.

Es un acto de madurez personal que sepas acompañarte en el proceso de crear un nuevo hábito. Que tengas la valentía de mirarte honestamente, sintiendo tu vulnerabilidad, y seas capaz de dejar atrás aquello que ya no te funciona.

Para ello, necesitas una relación contigo más allá del adulto en el que te has convertido. Necesitas, como dice Carlos González Pérez en "Sabiduría de las edades", la curiosidad del niño, la rebeldía del adolescente, la planificación del adulto y la mirada amplia del anciano que han vivido, viven y vivirán en ti.

Para acompañarte en este recurso te propongo una práctica:

Piensa en una situación en la que sientas que estás atascado y que necesitas nuevas perspectivas para encontrar una solución.

¿La tienes?

Ahora, conecta con la sabiduría de cada edad, reflexiona sobre las habilidades de cada una, aparte de las que he compartido contigo en el párrafo anterior. Esto te ayudará a desbloquear tu creatividad y conectar con la sabiduría que vive en ti.

Cuando lo tengas, responde las siguientes preguntas con la intención de desbloquear la situación:

¿Qué mensaje me daría mi niño ante esta situación?

¿Qué mensaje me daría mi adolescente?

¿Y mi adulto? ¿Qué me diría desde su sabiduría?

¿Y el anciano que hay en mí?

Recibe las respuestas de todas tus edades y ábrete a la solución.

Si no alineas las habilidades de todas tus edades ante una situación compleja, la rigidez, el autoritarismo y la crítica que provienen de tu parte adulta más neurótica, aquella que piensa que no lo estás haciendo bien o que ya deberías haber aprendido, te llevará a la frustración, a la impotencia, a la culpa y a la vergüenza. Losas en tu aventura de cambio de hábito.

Una mayor recompensa

Si prestas atención a tu vida, te darás cuenta de que has generado y cambiado muchos hábitos, desde tu niñez hasta ahora. Tienes la capacidad de hacerlo, es inherente al ser humano; nuestro cerebro goza de una neuroplasticidad fascinante que lo hace posible. Para facilitar el proceso, focaliza tu plan de acción prestando atención a todas tus dimensiones humanas: física, emocional, mental y energética.

Funcionamos como un sistema; cualquier punto que queramos cambiar de nosotros moverá a los siguientes. Por eso, para generar un hábito nuevo, más poderoso y saludable, necesitas un abordaje integral. Tocar las teclas correctas de cada una de tus dimensiones.

Por ejemplo, si tu hábito consiste en tener un discurso mental negativo, con pensamientos catastróficos, visualizándote perdedor en las situaciones de tu día a día, dedicarle menos energía y atención a lo que piensas te ayudará, pero no será suficiente.

Tu cuerpo se ha acostumbrado a recibir la información bioquímica de ese estado mental; por lo tanto, neurológicamente se crearán las mismas circunstancias para seguir de la misma manera. Durante un tiempo ha funcionado, ¿por qué cambiar ahora?

Si pones atención a tus pensamientos, ofreciendo menos atención y energía al discurso mental negativo y, además, entrenas tu cuerpo físico y visualizas aquello que sería un éxito, sintiendo emociones poderosas y generando una energía positiva para ti, estarás mucho más cerca de generar el nuevo hábito.

La clave es que surgirá una alternativa con una mayor recompensa a tu antiguo comportamiento. Aumentará tu bienestar; entonces sentirás tu cuerpo diferente, tu mente y tus emociones cambiarán y tendrás la percepción de poseer más energía. Tu neurología lo reconocerá como un buen cambio para ti. Y esa inercia hará que lo sigas llevando a cabo una y otra vez, hasta integrarlo en tu subconsciente e inconsciente y convertirlo en ti mismo.

> "Agradece tu actitud, tu manera de relacionarte, sentir y pensar. Ha estado a tu servicio durante un largo tiempo. Te ha aportado aquello que necesitabas, de manera consciente o inconsciente, y te ha transportado hasta el día de hoy. Con tus éxitos y fracasos, con tus alegrías y tristezas, pero aquí estás. Eres la persona que se está conociendo y descubriendo gracias al camino recorrido."

Cuando descubres la belleza en esas partes de ti que no te gustan, abres la puerta al cambio y la transformación. La energía que utilizabas en la lucha y el rechazo ahora la puedes invertir en generar nuevos hábitos. Durante un tiempo el esfuerzo será mayor, necesitarás gran energía para cambiar tus conexiones neuronales y tus reacciones bioquímicas, pero con perseverancia lo vas a conseguir.

A tu manera

Equilibra tus expectativas, regula tu autoexigencia, permite tus diferentes momentos y celebra todos los cambios que se den, grandes y pequeños. Reconoce tu buen hacer, tu intención e intento, y sigue una y otra vez.

Comparto contigo este breve recurso para que logres regularte:

Cuando sientas que tu exigencia te ahoga, que el perfeccionismo alcanza el máximo nivel:

1. Describe en el lado izquierdo de un folio cómo es esta actitud que te hace vivir con un perfeccionismo y una exigencia exagerada.
2. Imagínate cómo sería actuar sin ninguna exigencia. ¿Qué harías, qué dirías, cómo te relacionarías con los demás? Incluso, permítete exagerarlo con un toque de humor. Escríbelo en el lado derecho de la hoja.
3. Ya tienes los dos extremos. La máxima exigencia y la mínima.
4. Ahora, te pido que crees una actitud que sea el equilibrio entre la máxima exigencia y la mínima. ¿Qué harías, qué dirías, cómo te relacionarías? Escríbelo en el centro del papel.
5. Procura que esta nueva actitud sea una referencia para ti. Como un guion que tienes que interpretar.
6. Llévalo a la práctica todas las veces que necesites hasta convertirlo en un hábito.

Igual que durante el año atravesamos las cuatro estaciones, los seres humanos también vivimos nuestros procesos internos. Momentos de creación y expansión, otros de descanso y recogimiento, como también de soltar, dejar ir y esperar el nacimiento de un ciclo nuevo. Enfocándote hacia el cambio de actitud, siempre estarás avanzando hacia tu nuevo estado personal.

El hábito que habitas define cómo estás en la vida y cómo te relacionas con las circunstancias y las situaciones que experimentas en tu día a día. Inspírate de los modelos cercanos que te sirven de referencia, pero recuerda que tu hábito es auténtico, único y original, porque nace de ti y no hay nadie igual que tú.

En los próximos pasos de este camino, te ofrezco las claves para tomar una buena dirección y que puedas tener éxito en aquello que quieres cambiar y transformar en ti.

El éxito de reconocer tu *Valor* y estar en paz.

7

¿QUÉ PIENSAS DE TI?

La religión de todos los hombres
debe ser la de creer en sí mismos.

—Jiddu Krishnamurti

¿Con qué pensamientos te identificas? Tenemos unos 60.000 pensamientos al día y, de todos ellos, solo con los elegidos por tu atención estás creando la manera en la que te ves y te miras. Tu autoconcepto y autoimagen. Los compañeros de viaje de tu autoestima.

Cuando compartía, al inicio del camino hacia tu *Valor*, el "cambio de perspectiva" estaba sembrando las semillas que darían vida a lo que ahora estás leyendo. Puedo asegurar que no te estás viendo a ti, sino a la imagen que has creado con lo que crees que eres. Puede resultar impactante, pero nos relacionamos con imágenes, creencias, expectativas y conceptos sobre nosotros mismos. Somos un reflejo de cómo pensamos.

Sin embargo, aquello que creemos puede estar muy cerca de quien somos o totalmente alejado. En la sociedad actual estamos muy condicionados por el *exterior* y esto influye en la elección de nuestros deseos y necesidades, en nuestra manera de relacionarnos con nosotros y con nuestro entorno, en los pasos vitales que son "normales", en lo que significa el éxito o el fracaso... y así hasta nombrar cada uno de los diferentes ámbitos de nuestra vida.

La caja de pensamiento

Para deconstruir las creencias e imágenes con las que te defines es necesario comprender cómo estás creando la identificación con ellas. Darte cuenta de qué piensas sobre ti en este momento de tu vida, es la puerta de entrada para explorarlo. Para ello, te hago la siguiente propuesta:

Durante cuatro minutos seguidos, practica la escritura automática siguiendo la frase: Pienso de mí que...

Escribe todo lo que viene a tu mente sin pensar mucho en qué estás escribiendo, volcando todo el contenido sobre el papel. Cuando lo tengas, léelo de nuevo y subraya todo aquello que llame tu atención.

¿Cómo es la calidad de lo que piensas de ti?

¿Cuánto hay de empoderado?

¿Y limitante?

¿Cómo te hace sentir?

Si fuera una imagen o foto, ¿cómo sería? Puedes ayudarte de una metáfora.

Hasta aquí el primer paso.

Me gusta decir que lo que ahora has descrito en este breve ejercicio es tu caja de pensamiento. Es el mapa que te ayuda, con más o menos acierto, a filtrar toda la información que llega a través de tus sentidos. Esa caja no se ha construido de un día para otro, sino que forma parte del resultado de todas tus vivencias: en la familia, en las relaciones de pareja, en la amistad, en el trabajo o contigo mismo.

Y todo aquello que no puede entrar dentro de tu caja, que no aparece en tu mapa, no existe. Por ejemplo, si en tu mapa no existe reconocimiento propio, no te lo puedes dar. Estás jugando con esas cartas y no tienes otra manera de responder, ni cuando te valoras a ti, ni cuando valoras tus relaciones o tu entorno. Pero no te preocupes, porque, aunque pueda parecer paradójico, estás creyendo mucho en ti.

Confianza consciente

Cuando acompaño a personas que su titular es «No creo en mí», mi primer objetivo es que se den cuenta de que sí lo hacen. Y no porque lo diga yo, sino porque cada vez que percibes y le das veracidad al pensamiento: «No creo en mí», identificándote con él, estás creyendo en esa parte de ti. Estás confiando ciegamente en tu caja de pensamiento. Y sí, he dicho tu caja, por lo tanto, en ti. Por este motivo, el titular correcto es: «Creo en esa parte de mí que me dice que no creo en mí».

¿Qué pasaría si a partir de ahora depositas tu confianza en un pensamiento fuera de tu caja? Esto es algo que, tal vez, de manera espontánea no te ha surgido, a no ser que estés inmerso en un trabajo de autoconocimiento e indagación de ti mismo.

> " En la *Programación Neurolingüística*, –PNL–, dicen que el mapa, tu caja de pensamiento, no es el territorio. Esto significa que puedes explorar más allá de tus límites porque seguro que algo nuevo vas a encontrar. "

Ahora, vuelvo a la capacidad de creer y confiar en ti. Como es una capacidad que ya forma parte de tus recursos, lo más importante no es crearla o conseguirla, sino poner atención a dónde la estás focalizando.

Estoy seguro de que en tu día a día hay muchos momentos, por pequeños que sean, donde tus acciones responden a la confianza que tienes en tus habilidades y en tu capacidad de respuesta a las situaciones que estás viviendo. Reconocer y fotografiar estos momentos es muy importante, porque son imágenes que puedes ir introduciendo en tu caja de pensamiento para ir modificándola desde dentro. Añadiendo elementos que te permitan poder elegir entre poner tu atención en las mismas creencias de siempre o, por el contrario, en una nueva oportunidad para relacionarte contigo de una manera más saludable.

Se trata de darte cuenta de que tu manera de pensar y lo que crees de ti responden a la información que depositas en tu caja. Si esa información contiene momentos de ti mismo donde te has sentido con inseguridad, frustración, tristeza, impotencia... tu realidad se construirá a partir de aquí. Aunque es injusto, porque esas emociones solo responden a unas cuantas escenas de tu película vital. No confundas una parte con el todo.

Añadir a tu caja de pensamiento situaciones y acciones donde conectas con la motivación, la seguridad y la confianza te ayuda a pensar de otra manera. Como si fueran ingredientes en una receta de alta cocina, van a cambiar el sabor e incluso la estructura de quién crees que eres. Ayudándote a generar un nuevo discurso interno que se acerque más a tu esencia y autenticidad.

Por ejemplo, si le das mucha importancia a tus errores porque es importante para ti lo que los demás puedan pensar y cómo te puedan ver, tu caja de pensamiento estará repleta de pensamientos como: «"No me van a querer", "Solo me valoran si hago las cosas bien", "Necesito demostrar que soy valioso", "Siempre fallo", "No soy lo suficientemente bueno", "Si tuviera esta o aquella capacidad todo sería diferente"», acompañados de las emociones y la energía negativa que acompañan a este discurso interno. Aunque lo más importante es que lo que consideras negativo ocupa tanto espacio que no te deja ver aquello que podrías considerar positivo. Para cambiar la inercia de tu caja de pensamiento y que te haga sentir mejor, añade pensamientos poderosos, sabios y bellos. Por ejemplo: «"Me quieren por ser yo", "Me valoran y me quieren más allá del resultado", "Me muestro tal y como soy ahora", "Soy suficiente para ser querido", "Mis capacidades suman a las del resto de personas"». Suena diferente, ¿no?

¡Ojo! Tu antigua caja de pensamiento te ha acompañado a ser la persona que eres hoy; gracias a ella has sorteado numerosos retos, resistencias y límites. Solo que ahora necesitas dar el siguiente paso para vivir en paz. Recuerda, ver la belleza en tu estado actual es el primer paso para que, desde el amor, facilites los cambios que necesitas.

El pensamiento útil

Ha llegado el momento de compartir contigo "La metáfora". Como ya has podido leer, me gusta conectar los aprendizajes con ejemplos que te sirvan para entender y comprender los conceptos que quiero que aprendas para reconocer tu *Valor*. Lo que ahora te explico creo que es la idea que más me ha ayudado a comprender cómo funciona nuestra mente. Idea simple y profunda que llegó a mí en un momento de meditación.

¿Alguna vez has estado comiendo en un restaurante japonés giratorio?

Te sientas en una mesa, cerca de una cinta transportadora, y van pasando platillos que tienes que elegir, más o menos rápido, cogiendo los que te vas a comer. No paran de pasar platos. Hay un cocinero o cocinera que está elaborando sin parar.

Son distintos, aunque también puedes ver la misma receta pasar por delante de tus ojos una y otra vez.

> "Bienvenido a tu mente. Tu cerebro elabora pensamientos sin parar; es una de sus muchas funciones. La diferencia entre él y los demás órganos de nuestro cuerpo, que tienen incorporada una función automática para nuestra supervivencia, es que nos sentimos totalmente identificados con la historia que nos cuenta (la mente)."

Como dice David del Rosario, neurocientífico, en su libro *El libro que tu cerebro no quiere leer,* cuando nuestro corazón late, no decimos: «Estoy latiendo». Pero cuando nuestro cerebro piensa, sí que decimos «Estoy pensando».

Entonces, volviendo a la metáfora, es como si te estuvieras comiendo todos los platillos de la cinta transportadora, sin importar si te gustan o no, si son saludables o no. Creyéndote que cada plato eres tú.

Ahora bien, si reconoces que no eres todo aquello que pasa por tu mente, tienes la capacidad para discernir y elegir únicamente aquellos pensamientos que sean de utilidad para la situación que estás viviendo.

Realmente, los pensamientos prácticos y útiles para el momento presente son pocos. La gran mayoría, que son automáticos, recrean nuestro pasado y nuestro futuro en un sinfín de nuevas posibilidades de catástrofe o redención.

Por lo tanto, al igual que en el restaurante japonés giratorio no te comes todos los platos porque acabarías con gastroenteritis, o no comes aquellos que te generan más asco, dejándolos pasar; con tu mente puedes utilizar la misma estrategia.

Imagina que hay algo o alguien que es la productora de pensamientos, seguramente seas tú mismo con la información que percibes del exterior, de tu historia personal y social, y está lanzando pensamientos a una cinta transportadora para que pasen por tu pantalla mental. En ese momento en el que tú los estás viendo, puedes elegir a cuál le prestas atención. A los que no prestes atención seguirán pasando por la cinta hasta que la productora de pensamientos se dé cuenta de que no son útiles y genere un pensamiento nuevo desechando el anterior, más adaptativo a tu realidad.

Personalmente, he estado muchos años de mi vida con empacho por creer que todos los pensamientos que pasaban por mi cabeza eran yo. Entrando en una espiral neurótica e intentando de manera desesperada dar respuesta a cada uno de ellos, incluso a aquellos que distaban mucho de la persona que soy. Pero que les daba credibilidad porque, claro, los estaba pensando. Generándome el mayor sufrimiento que he tenido en mi vida.

La tarea de tomar distancia y poder elegir a cuál prestar atención o no ha sido compleja. He estado muchos años actuando de la misma manera y generando el hábito. Aunque te puedo asegurar que lo estoy logrando. Cada día más.

Y "La metáfora" ha sido la guinda para acabar de entender de manera fácil y profunda qué pasos son los mejores para lograr dicho objetivo. Estar en paz con mi mente y pensarme bien.

Quiero que tú también lo consigas, que puedas lograr sentirte en paz y que cuando te pregunten: "¿qué piensas de ti?", tu respuesta sea auténtica y genuina, descondicionada y amable contigo mismo. Que puedas compartir lo que ahora piensas de ti dándote cuenta de que depende de tu momento actual y que puedes cambiar todas las veces que lo necesites. Reconociendo tu capacidad de crear cajas de pensamiento y, por lo tanto, asumiendo que puedes crear realidades más saludables.

Atenta-mente

Dicho esto, iba a cerrar el capítulo aquí, pero ha pasado por mi mente una idea que he atendido y me ha recordado otra vivencia personal que también te puede ayudar.

En la dimensión política y social surgió hace un tiempo el concepto "la máquina del fango" como un modus operandi. Se referían a todas aquellas noticias, filtraciones, primicias de dudosa veracidad, facilitadas y ofrecidas por algunos partidos y personajes políticos a los medios de comunicación, para manipular y cambiar la visión de la población hacia algún otro partido o personaje político.

Pues bien, nosotros tenemos nuestra propia máquina del fango, pero no en la dimensión social, sino en la dimensión mental. Dentro de nosotros, en nuestros pensamientos, creencias y discursos internos.

Te explico. Estaba teniendo una conversación, como muchas otras, con mi pareja y de pronto le hablé de un tema candente, relacionado con mi trabajo, que me conectó con la rabia, con la impotencia y con la frustración.

Cuanto más hablaba de lo que había ocurrido, más conectaba con esas emociones y no solo eso, sino que más ganas tenía de seguir criticando. De manera correlativa enlazaba una crítica con otra, como si no tuviera fin; cada vez encontraba más cosas que me gustaban menos. A cada minuto todo era peor, sin posibilidad, ni de mejora, ni de arreglo; la única solución posible era seguir diciendo todo aquello que me parecía mal.

Y en un punto de lucidez dentro de aquella vorágine me observé.

Me sentía cansado, me dolía la cabeza, mi estado energético estaba bajo, y decidí parar de hablar del tema, respirar y poner la atención en otra cosa. No me gustaba sentirme así, incluso me sentía mal por mis comentarios y afirmaciones.

Pero sabes qué, esta situación se repitió en varias ocasiones. Con el mismo tema, haciendo los mismos comentarios y afirmaciones, sintiéndome del mismo modo que las veces anteriores. En todas ellas había activado "La máquina del fango". Sentía como me iba introduciendo en la misma dinámica, cómo perdía energía y me iba sumergiendo en una mente que se llena de un fango que engulle la amplitud y la perspectiva, que manipula a uno mismo, negándole la visión clara y que hace que se vea la realidad sucia, de manera distorsionada. Este proceso interno, más que descargarnos, nos carga.

Por suerte, tuve otro momento de lucidez en la última conversación, donde me di cuenta de cómo se iniciaba todo este proceso.

> “En el momento de expresar una situación que nos ha producido dolor, rabia, tristeza o cualquier emoción desagradable, si no lo hacemos de manera atenta, presente y consciente, se activa un mecanismo reactivo dentro de nosotros que va rastreando todo aquello que no le gusta para hacer leña del árbol caído y “hacernos” ganadores.”

Hasta la cosa más ínfima. Con el fin de alimentar aquellas emociones desagradables, produciendo creencias limitantes que llevan a una crítica vacía, sin dirección ni benevolencia.

Por eso… ¡Stop! Cuando sientas que tu “máquina del fango” se ha activado y sientas tu energía baja a consecuencia de tu discurso interno y externo, respira profundamente y desactívala.

Vuelve a tu niñez e imagínate cómo moldeas ese fango que ha producido nuestro mecanismo, a modo de juego, convirtiéndolo en un pensamiento útil y eficaz.

Reconociendo que eres un ingeniero de mentes.

8

INGENIEROS DE MENTES

El privilegio de ser un humano
es que podemos hacer que un pensamiento
parezca más real que cualquier otra cosa.

—Joe Dispenza

Las personas nos autosugestionamos cada día de nuestra vida. Nuestra mirada hacia las situaciones que vivimos, nuestras creencias, valores, discurso interno, hacen que insuflemos intensidad a nuestras experiencias. La pregunta es ¿qué tipo de sugestión estamos potenciando? Por observación, análisis personal y social, después de años de experiencia, sé que la tendencia es a potenciar nuestros límites, aquellas partes de nosotros que menos nos gustan.

Vamos a comprobarlo:

Escribe 10 cosas que te gustan de ti. ¿Te resulta fácil o difícil?

Y si escribes 10 cosas que no te gustan de ti. ¿Cambia la dificultad?

La mayoría de las veces que he puesto en práctica este recurso, la dificultad aumenta cuando se trata de compartir lo que consideramos positivo y disminuye cuando lo que expresamos es aquello que percibimos como negativo.

Esto, nada tiene que ver con lo que somos, solo nos indica donde estamos poniendo nuestra atención, qué vemos de todo lo que somos. Qué pensamientos y creencias estamos activando para definirnos.

También tenemos la tendencia a rememorar aquellas situaciones que nos han generado dolor y sufrimiento, creyendo que, si las recreamos una y otra vez en nuestra mente, para tenerlas presentes, podremos controlar lo que suceda en el futuro y no volveremos a sentirnos así. Sin darnos cuenta de que esa actitud hace que sigamos arrastrando aquel estado emocional y mental que tanto daño nos causó.

> "La frase que más define lo que compartiré contigo en este capítulo es:
> "No vemos lo que hay, vemos lo que somos"."

Comprende tu realidad

Todo aquello que percibimos forma parte de nuestra realidad y de nadie más. Cada persona con que te cruzas en tu camino, sea cercana o no, conocida o desconocida, vive su propia realidad. Y no hay dos iguales. Porque tus experiencias difieren de las vivencias de los demás. Pueden ser parecidas, pero nunca serán iguales.

Así, una creencia, un valor, una emoción, una sensación que verbalizas de la misma manera que otra persona, siempre tendrá muchos matices diferentes.

El principal matiz es que lo estás viviendo en primera persona. Y, por lo tanto, el filtro con el que experimentas cualquier hecho es diferente. Podríamos decir que existen tantas realidades como personas somos en el mundo.

Lo diré de otra manera, aquello que no entra dentro de tu campo de visión, e información, no existe para ti. Solo puedes dar credibilidad a aquello que tú ves. Con esto me refiero a todo aquello que entra dentro del filtro de tus sentidos, tus creencias, tus emociones y tu energía. Aquello que está alineado con tu personalidad.

Por eso la empatía, habilidad que muy probablemente tengas, es la capacidad de comprender cómo se siente la otra persona a través de relacionar lo que tú has vivido con lo que ahora vive esa persona. Seguro que has escuchado «Ponte en el lugar del otro», pero no necesitas sentir lo mismo que la otra persona para ser empático, simplemente comprender cómo se puede estar sintiendo.

Ahora, imagina que has estudiado una ingeniería, no una cualquiera, sino la que te ayuda a deconstruir y crear una nueva mente. Vamos allá.

Cuando hablábamos en el anterior capítulo del restaurante japonés giratorio, ya estaba compartiendo una gran pista. Crear una nueva mente no tiene nada que ver con tener únicamente pensamientos que podamos considerar positivos; tampoco tiene nada que ver con tener una mente en absoluto silencio y en blanco puro.

> " Generar una mente más saludable, en paz, está relacionado con utilizar sabiamente el poder que nos ofrece. Viendo la belleza tanto de lo agradable como de lo desagradable que sucede en ella. "

En mi desarrollo humano he tenido que lidiar –era exactamente lo que hacía antes de reconocer mi *Valor*– con mi mente. Fue en la adolescencia cuando tuve el primer encuentro consciente con ella. Por entonces, no había diferencia entre lo que yo creía que era y todo lo que pasaba por mi cabeza. Estaba totalmente identificado con los pensamientos, creencias y discurso interno que me ofrecía. Esa manera de relacionarme me llevó a un trastorno de ansiedad con sus respectivas somatizaciones en el cuerpo físico, emociones y estados de ánimo. Con ayuda psicológica, aprendí a entender qué sucedía y cómo funcionaba, al menos en lo que era capaz de comprender con 17 años.

La relación con mi mente mejoró, aunque seguía teniendo una gran identificación con ella. Era difícil para mí dejar de tener en cuenta cualquier pensamiento que me pasaba por la cabeza, pensando que era la única realidad, la verdad. Hasta que, con 21 años, se intensificó mi trastorno de ansiedad, teniendo como resultado, y diagnóstico, mi primer encuentro con el TOC puro.

Pensamientos intrusivos, desagradables y repetitivos las 24 horas, despierto y soñando. Causándome el mayor sufrimiento que había experimentado en mi vida.

En ese momento, empezó una aventura arriesgada y sinuosa, con sus montañas y valles, descubriendo y comprendiendo mucho más de lo que anteriormente había sido capaz. Toda mi atención y energía la enfoqué en aprender, mejorar y transformar mi realidad. Poniendo en práctica todo lo aprendido anteriormente, que era mucho, y leyendo libros sobre el funcionamiento de nuestra mente y el desarrollo personal. Publicaciones científicas y de espiritualidad.

El proceso de integrar una nueva relación con mi mente es continuo, aunque ahora, con toda la experiencia y aprendizaje, la zona de luz es intensa, incluso en los momentos de oscuridad. Que, por supuesto, existen.

Una nueva relación con tu mente

El mayor descubrimiento y la **primera propuesta** para una persona que opta a ser ingeniera de mentes es que la mente no sea un enemigo. No está para amargarte la vida. Todo lo contrario.

Es una herramienta con un poder enorme. Eso sí, está bien observarla y aprender cómo funciona para disfrutar de todo su potencial. Sin identificarnos con ella y sin comprar todas las posibilidades que nos ofrece en su catálogo. Voy con una breve metáfora para facilitar esta idea.

> "Imagínate que te sitúas en un puente observando la autopista más transitada que conoces. Cada coche que pasa, a más o menos velocidad, es digno de atender y poner atención. Los coches, las motos, los camiones, los autobuses... sin dejar pasar ni uno. Creyendo que todos los vehículos que pasan por delante son importantes e imprescindibles para tu vida; son una parte de ti.
> ¿Cómo te sentirías?"

Segunda propuesta. Se trata de elegir, igual que en el restaurante, a cuál le quieres prestar atención porque es útil para tu momento presente. Mucha de la energía que disponemos, en una relación de identificación con nuestra mente, se agota. Y sin energía, o con poca, es muy difícil generar un cambio en las dimensiones de nuestra personalidad. Se hace complicado reconocer nuestro *Valor* con las pilas descargadas.

Por lo tanto, no pasa nada si flotas a tu mente, si dejas de estar atento a todo lo que pasa por ella. Dándote cuenta de que cuando un pensamiento pasa y tú no le das atención de más, sigues existiendo. Tienes pensamientos, pero NO ERES tus pensamientos. Cada palabra o imagen que pasa por tu cabeza es una hipótesis, una posibilidad para explorar que solo se lleva a cabo si tú lo decides. A veces sin darte cuenta, claro. Por eso es importante entrenar la consciencia. A más consciencia, más comprensión.

Para ello, el recurso que más me ha ayudado y que te invito a que practiques es la meditación. Vale, bórrate de la cabeza la persona con las piernas cruzadas en una diabólica postura y más rígida que un palo. Con meditación me refiero a estar contigo, observando(te). Poniendo atención a todo lo que sucede en este justo momento. Sin cambiar nada, sin pretender, sin juzgar. ¡Ojo! Tus pensamientos cambiarán, tendrás expectativas, juzgarás, pensarás en el pasado y en el futuro, te quejarás... Acuérdate del restaurante giratorio; todo está bien. Simplemente observa. Si te despistas, que puede pasar, vuelve a poner atención a cualquiera de tus cinco sentidos. Vuelve a observar.

Puedes estar cinco minutos, diez o una hora. Cada segundo cuenta para conocerte mejor.

Con la práctica, llegará un momento que abrirás la puerta a un estado de paz. Más adelante profundizaré más sobre la meditación.

Tercera propuesta. Los pensamientos no son buenos ni malos, positivos ni negativos. Por lo tanto, no necesitas cambiar todos tus pensamientos negativos por otros positivos. Porque no los hay.

> "Cuando te crees un pensamiento, generas una emoción según la interpretación que tú le das a lo que te cuenta. No es el pensamiento en sí, es la relación que estableces con él."

Claro que si, como en mi caso, durante años has pensado que no vales o no eres suficiente; a cualquier pensamiento en esa línea le darás *check.* Y aquí viene la clave de la tercera propuesta, ir más allá de lo que tú crees de ti.

Si ya no quieres seguir avanzando en la hipótesis de no creer en ti, cierra ese proyecto. Cancélalo. No inviertas más energía en él. No es la verdad, es un "simple" pensamiento que te has creído y le has otorgado mucho poder.

Dicho esto, no te sientas culpable por haberlo hecho porque forma parte de la manera de funcionar que tenemos todas las personas, en consonancia con la cultura y la sociedad en la que vivimos.

Creencias expansivas

Ahora, ve un paso más allá. No pienses desde el filtro de la persona que te has creído que eres, sino desde la persona que sabes, en esencia, que eres.

Aquella que es importante, que tiene un *Valor* incontestable y que es un verdadero tesoro. ¿Me vas a decir que te crees que no vales, y no te vas a creer este superhalago?

Cuando vas más allá de tus creencias, al principio puede resultar inquietante, incómodo, increíble, etc. Porque te has creído durante mucho tiempo todo lo contrario, que no podías salir de tu caja de pensamiento porque eras eso. Así que insiste. Estás abriéndote a hipótesis y propuestas más saludables para ti. Tu mente siempre te da lo que le pides, de manera consciente o inconsciente, te ayude o no. Por lo tanto, con este trabajo personal que estás realizando, empezará a ofrecerte pensamientos más alineados con tu nueva manera de relacionarte con ella, contigo y con la vida.

Por supuesto, este proceso no tienes por qué vivirlo en el anonimato y solo. Siempre que lo necesites, hay personas, como yo, que nos dedicamos a acompañar procesos de cambio y bienestar, sin necesidad de sentirte enfermo o de tener una patología diagnosticada. Es importante entender esto en este punto del camino. Tenemos la tendencia de pedir ayuda cuando estamos mal o cuando el bienestar se ha esfumado de nuestro día a día.

Te invito a que, de manera activa, puedas generar un mantenimiento de tu bienestar sin necesidad de dejarte ir hasta tocar fondo. Pedir ayuda no es un signo de debilidad. Es comprender que somos un equipo. Que hay gente que te puede acompañar en los momentos que necesitas una mirada externa, un soporte, una chispa de luz. A mí me gusta que un profesional me acompañe cuando así lo siento. Incluso sin tener un motivo aparente. Visito coach, terapeuta o psicólogo cuando mi momento vital me lo permite, porque aprendo mucho de mí y de ellos.

Cuarta propuesta. Capta el poder y la belleza de tener una herramienta tan poderosa para ti. Es cierto que a veces puede jugarte malas pasadas, pero no luches con su naturaleza, igual que no lucharías con una leona para que sea una gata. Aprovéchala. Y cada vez que seas consciente de que has entrado de nuevo en el bucle mental, vuelve al punto de inicio. Respira, toma tu tiempo y vuelve a empezar. Es un proceso atemporal. Aquí no hay malas notas ni repetir curso. Imagínate que, además de la carga emocional y mental que trae consigo no comprender tu mente, te juzgas duramente. Como dice una amiga, activa la filosofía "A tomar por...".

Sé, por experiencia propia, que vas a generar cambios. La mayoría tan sutiles y naturales que te parecerá que no tienen nada que ver con la nueva relación que has establecido con tu mente. Aun así, van a tener un profundo poder en el cambio de tendencia hacia la paz interior.

Quinta propuesta. En los momentos de más malestar y energía baja: cansancio, desmotivación, desconfianza u otros estados anímicos desagradables, descansa. Por el contrario, cuando sientas confianza, motivación, seguridad o cualquier otro estado poderoso, crea la nueva relación con tu mente.

Me he dado cuenta de que intentar cambiar nuestro discurso interno cuando estamos en momentos de fragilidad es contraproducente. Posiblemente, todos nuestros recursos personales están desalineados y actuamos de manera incoherente. Por eso, en ese momento, cuídate. Para. Descansa. Observa. Mira la película que estás interpretando, sabiendo que estás a salvo.

> "Es en los momentos de fortaleza cuando la capacidad para crear tu "nueva" mente aumenta. Concentra esa energía poderosa para desarrollar, mentalmente, la persona que eres. Recrea en tu pantalla mental momentos en los que fuiste feliz, sintiéndote seguro y confiado, situaciones en las que te has mostrado auténtico, con la valentía como estandarte y la belleza como filtro para decantar la vida. Verbaliza interiormente frases que te ayuden a aligerar la carga, háblate de manera bondadosa y honesta, pon atención a tu discurso, que tus palabras sean sostén y caricia. También, visualízate con tus cambios, metas y objetivos logrados. Regálate un mensaje de tu yo futuro, con el cambio, la experiencia y la sabiduría que te habrá aportado el camino recorrido. Aprovecha todos tus recursos y toda la capacidad de tu mente para establecer una nueva relación con ella y contigo."

Recuerda: "No vemos lo que hay, vemos lo que somos". Cuando reconoces tu *Valor,* irremediablemente tu mente y tu realidad cambian. El "qué", lo que sucede en tu vida, puede seguir con la misma forma; el "cómo", lo que percibes y transmites, se transforma y te transforma. Y paradójicamente, aunque todo parezca igual, todo cambia.

Para seguir en este viaje de cambio hacia reconocer tu *Valor,* es importante, como has leído anteriormente, que todas nuestras dimensiones entren en juego. A partir de aquí, te acompaño con la mente a la emoción.

9

EMOCIÓN(ARTE)

Cada emoción nos predispone de un modo diferente a la acción; cada una de ellas nos señala una dirección que, en el pasado, permitió resolver adecuadamente los innumerables desafíos a los que se ha visto sometida la existencia humana.

—Daniel Goleman

La emoción es companera del pensamiento. No hay polaridad. Ángel o demonio. Corazón bueno, mente mala.

¿Te imaginas que en una moneda solo tuviera valor una cara y la otra la rechazáramos? Diciendo, además, que dicha cara no forma parte de la moneda. Incluso que la forma de la moneda, el círculo que comprende a las dos, está mal porque solo tiene que acoger a la parte que creemos con valor, mientras que la otra la podemos desechar. ¿Qué te parece?

Estamos rechazando una parte de nosotros y sacralizando la otra, cuando las dos forman parte de lo mismo. El vaso y la llama ¿Recuerdas?

> "Las emociones son un faro de guía; reafirman o desechan las palabras que se producen en nuestro cerebro y la cascada de reacciones corporales y energéticas que se derivan de nuestra percepción. Son como un motor que genera la inercia que nos mueve hacia las distintas probabilidades y direcciones, alineando o desbaratando nuestro sentir, pensar y hacer. Son la pintura para un lienzo en blanco, destellos de color que crean nuestra obra más íntima."

En diferentes capas, trazadas con la pintura de emociones, podemos encontrar la esencia y la verdad o, por el contrario, las máscaras y la apariencia. Todo depende de la honestidad y confianza con la que nos relacionemos con ellas y con nosotros mismos.

El sentir es coprotagonista de nuestra realidad, la materia prima para lograr nuestra paz. Es imprescindible para reconocer nuestro *Valor* ofrecerle el espacio que merece.

El poder de emocionarte

Conectando de nuevo con el ingeniero de mentes que eres, y con la capacidad para plantar nuevas semillas en tu pensamiento, te ofrezco la siguiente creencia: la emoción en ningún caso es debilidad.

Sí, nos muestra la permeabilidad a la vida y, por tanto, hace evidente nuestra vulnerabilidad más esencial. Nos recuerda que vivimos en contacto, piel con piel, con los acontecimientos y situaciones que experimentamos.

Curiosamente, como ya hemos compartido, es una vulnerabilidad que es poderosa. Acepta y comprende nuestra naturaleza y es fundamental para sentirnos partícipes de nuestro interior emocional. El artista ve la escultura en el mármol sin tallar. Tú puedes ver la información y el mensaje en la emoción pura.

Los seres humanos nos estamos abriendo, cada vez más, a nuestra dimensión emocional, porque nos hemos dado cuenta de que es uno de los pilares de nuestra humanidad. Siempre nos acompaña, no podemos dejar de sentir, aunque en algunos momentos lo intentemos. Toda emoción que experimentas es una valoración de la situación que tienes ante ti. Traduciéndose en sensaciones, sentimientos o estados de ánimo. Si prestas atención a cualquiera de las formas en las que se expresa lo que sientes, te darás cuenta de que es un mapa, una guía, de lo que te acerca o te aleja de la paz. O de la mismísima felicidad. Esa que tanto anhelas.

Las emociones son otra puerta de entrada, como los pensamientos y creencias, a conocerte mejor para tomar decisiones más adaptativas y saludables. Claro está, siempre y cuando las tengas presentes, te des espacio para sentirlas, observarlas, escucharlas y tomar acción si hace falta.

Nuestra dimensión emocional la dividimos en bienestar y malestar. Cuando sentimos aquellas emociones que consideramos positivas, nos sentimos bien y cuando sentimos aquello que consideramos negativo, nos sentimos mal. Fácil ¿no? Pero ¿y si no fuera así?

Porque positivo no siempre es bueno y negativo no siempre es malo. Por ejemplo, si voy conduciendo mi moto, me hacen un control de alcoholemia y doy positivo, no lo voy a celebrar. O, por el contrario, si me hacen un análisis de sangre porque puedo estar enfermo y las pruebas dan negativo, no me voy a poner triste.

La primera idea que comparto contigo es esta: Para sumergirnos en nuestro mundo emocional está bien dejar fuera el juicio dualista de bueno y malo. El bienestar y el malestar no dependen únicamente de la emoción que sientes. Y para comprender mejor esto, te ofrezco dos palabras que seguro te van a ayudar. Estoy completamente de acuerdo contigo en que existen emociones que no nos gusta tener, por eso, a partir de ahora, las llamaremos desagradables. Por el contrario, también sentimos emociones que son más fáciles de llevar, las cuales nos gustaría tener durante un largo tiempo. Son las emociones que bautizaremos como agradables.

Date cuenta de que cuando pones la etiqueta de buena o mala a una emoción, de manera consciente o inconsciente, estás aceptando una y rechazando la otra. Y ese mismo rechazo es el que intensifica tu estado emocional desagradable, teniendo un efecto negativo en el organismo. Sin embargo, si una vez que estás sintiendo la emoción, le das espacio, reconociendo y aceptando cómo te sientes, será más fácil que puedas transitarla y, gracias a ello, el efecto en tu biología será más beneficioso. Por eso, para transformar una emoción, necesitas cambiar tu percepción.

Importante: tanto en el rechazo de una emoción desagradable como en el querer mantener una emoción agradable a toda costa, se genera tensión y conflicto.

El mar y la emoción

Para seguir compartiendo contigo la dimensión emocional me gusta utilizar la metáfora del mar. Estuve un tiempo nadando en aguas abiertas y aprendí muchísimo comparando el nado con el funcionamiento de nuestras emociones.

Para empezar, las emociones, al igual que las olas, vienen y van. Además, su naturaleza es ingobernable. Si intentas parar una ola, según como sea su tamaño y fuerza, puedes acabar con el bikini o el bañador por los tobillos. Con una emoción sucede lo mismo, aunque en esta ocasión lo que acabará por los tobillos puede ser tu estado anímico. Las emociones agradables y desagradables se van a presentar ante ti; recuerda que son el resultado de tus patrones y creencias. Así pues, lo mejor que puedes hacer es aprender a nadarlas. Porque cuando se presenta aquella que te hace sentir bien, lo tienes fácil. Juegas, te diviertes y cuando llega el momento de salir, sales lo más dignamente posible habiendo pasado un maravilloso momento.

Pero ¡ay! Cuando la emoción no te hace sentir bien y nadas contra ella para sentirte de otra manera; tu energía se desgasta, te cansas, no atinas una acción detrás de otra y finalmente, aunque consigas salir, has vivido una experiencia de derrota.

Es imprescindible aprender a leer nuestros estados emocionales. Saber si estamos en bandera verde, amarilla o roja. Así, es más fácil poder entrar y salir en el momento adecuado, de manera eficiente y eficaz, para no adentrarnos en el efecto remolino y acabar desorientados.

> “Para eso te propongo que permitas que la emoción venga, que esté en ti y más tarde se vaya. Que te dejes mojar por ella. Explora qué sucede cuando estás con la emoción, qué le pasa a tu mente, a tu cuerpo, a tu energía... Teniendo presente que tú puedes decidir cuándo sumergirte y cuándo volver a la superficie. En muchas ocasiones, cuando la intensidad se hace grande, no es a consecuencia de la emoción que has sentido en el primer momento, sino que es tu discurso mental y los pensamientos catastróficos los que te llevan a hundirte en la ola del sentimiento.”

Seguro que has jugado a hacer el muerto en el mar, a flotar y dejarte mecer por las olas. Incluso cuando el mar está más bravo, somos capaces de flotar si nos lo proponemos. Con la emoción sucede lo mismo, tenemos el poder de flotarla.

Aunque nos esté generando malestar, tenemos la habilidad de poder coger algo de perspectiva y flotar la emoción. Una parte de ti la siente y una parte de ti observa cómo está siendo ese proceso emocional.

Para mí, poder coger distancia y cambiar la perspectiva, respecto a las emociones, es la boya de seguridad que utilizaba cuando nadaba en el mar. Aquella que te permite agarrarte cuando las fuerzas flaquean o cuando quieres tomar un descanso y poder otear mejor el horizonte.

No eres la emoción, sino que tienes emociones y, por tanto, puedes facilitar su cambio con el simple, pero complejo, hecho de ser testigo. Y no me refiero a evadirlas o evitarlas, sino a sentirlas en su justa medida. El punto exacto solo lo puedes saber tú.

Es posible que, si eres una persona que vive intensamente sus emociones, subiéndose en la montaña rusa de sentimientos gran parte del día, esto te cueste un poco más. Bienvenido a mi club.

Aunque volviendo a la metáfora del mar, se trata de aprovechar las corrientes y las mareas emocionales. De no luchar. Porque la emoción por sí sola no te va a hacer daño. Sí lo hará el controlarla cuando es momento de dejarla ir, o el rechazarla cuando es momento de sentirla.

Como ya he compartido contigo, en algunos momentos de mi vida la intensidad emocional desagradable ha sido muy grande. He tenido ataques de pánico y de ansiedad que las primeras veces me situaban en una actitud de supervivencia máxima, temiendo por mi vida. Aunque, aplicando lo que aquí te comparto y aunque pueda resultarte extraño, he logrado, incluso, disfrutarlos.

Primero, por saber realmente qué es un ataque de pánico y cómo nuestro organismo se descompensa y actúa frente a una amenaza irreal. Por lo tanto, dándole un sentido a nivel racional, ofreciéndome una nueva perspectiva. Segundo, por flotar la emoción cuando lo estoy viviendo. Observar todo lo que sucede en ese momento. Los latidos acelerados del corazón, la sudoración, el hormigueo en las manos, la falta de aire, el miedo que te invade, la ansiedad por no poder controlarlo... Si permito que esté y que se vaya, su efecto sobre mí disminuye mucho. Hasta tal punto que se reducen drásticamente esos momentos.

De nuevo quiero recordarte que, durante el camino para llegar a esta comprensión de mí mismo, ha sido clave, en momentos puntuales, la ayuda de diferentes profesionales de la salud mental.

Continúo. Cuando la relación con tus emociones pasa de ser reactiva, sientes y actúas, a ser responsable, sientes, reflexionas y actúas, te das cuenta de que todo sentimiento tiene su intención positiva. Puedes extraer sabiduría y aprendizaje en cada proceso emocional, dándote cuenta de que la emoción que llega es porque tiene derecho a estar y es importante para ti. Si recibes como buen anfitrión a la emoción en tu interior, recibirás su regalo en forma de información y se marchará.

Tu mapa emocional

Para facilitarte la relación con tus emociones, comparto contigo lo que puede aportarte cada emoción. Te explico la intención positiva de lo que sientes, inspirado en el mapa emocional del equipo SEER.

Inicio este paseo, mirando hacia las emociones desagradables.

Doy el primer paso hablándote de los **nervios**. Una emoción que hoy en día está a flor de piel en muchos momentos de nuestra vida. Ansiedad, estrés, angustia, preocupación... Cuando sientes algunas de estas emociones, es un indicador de que en tu mundo emocional hay movimiento. Es una señal de alarma para que prestes atención a cómo estás en este momento. Como si fueras una olla a presión que empieza a silbar para avisar de que está a punto de estallar y necesita soltar presión. Seguramente, si observas el motivo por el que estás nervioso, estresado o ansioso, te darás cuenta de que la inseguridad, la frustración, la impotencia u otras emociones relacionadas con el miedo, la tristeza y la rabia están alimentando tu momento actual. Por ello, vamos a continuar en esa dirección.

Cuando sientes **miedo**, este te avisa de un potencial peligro. Si no lo tuvieras, en su justa medida, seguramente ya no estarías aquí. La complejidad de esta emoción surge cuando el miedo es infundado por pensamientos que no se alinean con la realidad. Entonces, limita tus pasos y no permite que te expreses con autenticidad. Es curioso, porque normalmente aquello que consideramos más importante en nuestra vida es lo que más miedo nos genera. A perder, fallar o no estar a la altura de las circunstancias. Por este motivo, que comprendas que la emoción y la razón son compañeras de viaje que se necesitan, que se complementan y que tienen la posibilidad de formar un buen equipo, es primordial.

Por ejemplo, una cebra cuando se siente en peligro, con miedo, huye, se hace la muerta o ataca. Pero cuando pasa el peligro, vuelve a su estado de equilibrio orgánico. La emoción y el instinto de supervivencia le han salvado de ser devorada. Sin embargo, las personas sentimos miedo, haya o no una situación de peligro real. Simplemente, con nuestra imaginación. Y eso hace que, en momentos puntuales o más reiterados, sigamos con la tensión y el miedo a cuestas. Provocando la cascada biológica de cortisol y de sus amigos. Pero la emoción, por sí sola, es un recurso muy valioso. El miedo es el sentimiento que te invita a vivir. Si lo regulas, poniendo límites y cordura a tus experiencias, vivirás a tu manera.

La **tristeza** es la emoción *standby*. De pausa. Cuando te sientes triste, tu energía baja y no tienes ganas de hacer nada. Detenerte te permite tener el espacio necesario para expresar tu tristeza, vaciarte, si así lo necesitas, revisar la situación que estás viviendo y, cuando llegue el momento idóneo, enfocarte hacia tu bienestar. Cuando expresas «es que he llorado tanto que me he vaciado», solo te queda volver a llenarte. La tristeza te acompaña para sanar el dolor, la frustración, el desánimo, la decepción... Dar espacio al sentimiento de tristeza es el primer paso para recuperarte.

La **rabia** puede ser un motor de cambio. Una emoción que te ayuda a dar el primer paso en una situación que consideras injusta. Es importante comprender dos cosas de la rabia. Primera, si realizas más de un paso desde la rabia o la necesitas constantemente en tu vida para ir avanzando, superándote y rompiendo límites, se torna contraproducente. Porque lo que era un punch de energía se puede volver una sobreexcitación que te arrastra a la impotencia, al odio y al rencor. Sentimientos que te consumen.

Segunda, pon mucha atención a cómo expresas tu rabia. Si lo haces con una actitud agresiva o violenta por costumbre, las consecuencias serán desagradables para ti. Date cuenta de nuevo de lo relevante que es dejarse sentir la emoción y saber qué hacer con ella. Como decía Aristóteles, "Cualquiera puede enfadarse, eso es algo muy sencillo. Pero enfadarse con la persona adecuada, en el grado exacto, en el momento oportuno, con el propósito justo y del modo correcto, eso, ciertamente, no resulta tan sencillo". Por ello, el sentimiento de rabia te ayuda, también, para que aprendas a regular tu energía.

Si esa regulación no tiene el efecto deseado, puedes sentir **vergüenza**. Emoción relacionada con la culpa y el rechazo. La vergüenza muestra cómo te relacionas contigo y con los demás. Es una emoción que reclama tu aceptación y perdón. También, la humildad y la honestidad de saber que puedes quererte mejor y entender que el defecto o la equivocación forman parte de tu crecimiento y evolución. La vergüenza es un sentimiento que te acompaña a reconocer la belleza que hay en ti y la necesidad de ofrecerte amor.

Normalmente, por nuestra educación, es más fácil poner atención en las emociones desagradables. Aquello que pensamos que está mal hay que cambiarlo. Sin embargo, te propongo, en esta parte del camino, que tu atención se dirija, con ganas, a aquellas emociones que disfrutas y hacen de tu vida un lugar más apacible.

Seguimos el paseo mirando hacia las emociones agradables.

La **alegría** te invita a reconocer que estás en el lugar indicado. Cuando sientes alegría te aligeras, pesas menos, te vuelves más liviano. Parece que todo se vuelve más fácil y fluyes caminando hacia la ilusión, la motivación, el entusiasmo… disfrutar de la vida. Conectas con tu niño interior y juegas. Vuelves a situarte en la inocencia para descubrir el mundo y las personas de nuevo, con menos juicio y más autenticidad.

El amor nos refleja nuestro poder, sabiduría y belleza. Te permite abrirte a ti mismo y a lo demás. Dar y recibir sin pretensión. Utilizar tus capacidades y habilidades para entregarte a la situación, a la otra persona y a ti. Cuando sientes amor, tu esencia está presente. La parte más original y auténtica de ti. Se enciende el motor que mueve tu propósito de vida. En el amor, te acompaña la confianza, la seguridad, la estima...

La felicidad te conecta con quien eres. Es una emoción que te ayuda a sentir plenitud, paz, serenidad... Emociones que nacen cuando te sientes completo.

Es diferente de la alegría porque su profundidad es otra. La felicidad y el amor son emociones, sentimientos o estados de ánimo que puedes sentir más allá de las circunstancias externas. Son una manera de estar y comprender la vida.

Es fácil que, conectando con tu *Valor*, estas emociones sean la base de tu mundo emocional y de ti como ser humano. Por ello, es importante que comprendas que la emoción o emociones base, aquellas que forman las raíces de tu dimensión emocional, son claves en tu desarrollo vital. Forman parte del sustrato donde crecen tus experiencias.

En esta breve descripción puedes ver como la emoción, por sí misma, tiene una intención positiva. Siempre que tu relato, el discurso mental interno que tienes cuando sientes dicha emoción, esté alineado con tu *Valor*, aquello que sientes será una gran herramienta para guiarte en tu día a día. Es por eso, por lo que este capítulo llega cuando ya hemos compartido cómo relacionarte de manera diferente con tu mente.

Ahora, seguimos adentrándonos en qué hacer con lo que sientes para lograr estar en paz contigo mismo.

10

EL PROCESO EMOCIONAL

No es magia, es inteligencia emocional.

—Elsa Punset

Como decía en el capítulo anterior, la emoción es el resultado de la valoración que haces ante la situación que estás experimentando.

En tu mente, con tus memorias, tus creencias y tus pensamientos, se genera de manera muy probablemente inconsciente una respuesta interna. Activando todos los mecanismos necesarios de nuestro sistema nervioso para activar la cascada fisiológica que sientes en tu cuerpo y que retornará al mismo sistema, dando información a nuestro cerebro para seguir "sobreviviendo". Es un proceso en gran parte instintivo, pero como seres humanos tenemos la capacidad de influir en esa valoración y respuesta.

Cuando quieres rechazar una emoción ante una situación cotidiana o extraordinaria de tu vida, y te enfadas o te frustras por no conseguir sentirte de otra manera, hay una explicación. Eres súbdito de un proceso biológico inconsciente que se ha ido construyendo con ayuda de la educación que has recibido y las experiencias que has vivido, y que no te da la posibilidad de elegir cómo sentirte si no lo haces consciente.

Seguro que en algún momento de tu vida has reaccionado sin darte cuenta. O sea, sin tomar consciencia. Aquello que decimos *sin pens*arlo. Y te has metido en un jardín donde no querías entrar. Ya sea porque has dicho palabras que –aunque pasaban por tu mente– no eran las mejores que podías expresar, o porque has tenido un comportamiento agresivo o violento, has comido más de la cuenta o te has comprado aquello que sabías que no iba bien para tu economía personal o familiar. Lo has hecho porque querías dar respuesta a aquello que sentías. Totalmente lícito. Sin embargo, has reaccionado sin darte espacio para generar una elaboración de tus emociones. Sin incidir en tu filtro mental y emocional, poniendo consciencia a qué te estaba pasando en ese momento.

Entonces has sentido emociones y sentimientos como la culpa, la vergüenza, la rabia, la frustración, la tristeza y, etiquetándolas como negativas, has querido rechazarlas provocando más intensidad y retomando conductas reactivas para evitarlas. Si te ha ocurrido, tranquilo, a mí también me ha pasado. Aunque, cuando creemos que dichas emociones ya no están, nos equivocamos.

La carga emocional

En el capítulo anterior, compartía que la emoción nos transmite información muy valiosa, un regalo para nosotros. Si aceptamos recibirla y sentimos la emoción, esta se marcha. Pero si no es así, lo que has sentido y no ha sido elaborado, podríamos decir, de una manera sencilla, que se almacena en ti. Como si tu cuerpo y tu mente fueran esa tan famosa mochila emocional. Entonces, el proceso emocional queda sesgado, a medias, y no es posible dejar que todo lo que se ha creado fisiológica y cognitivamente se filtre, limpie o sane.

Escucho como me preguntas: «Pero Javi, si en nuestra mente están nuestras creencias y pensamientos, ¿por qué hablas de la emoción también en la mente?»

Aquí viene la respuesta. Sentimos con las diferentes dimensiones que nos conforman como seres humanos. En la dimensión física, la emoción la sientes como una sensación. Pelos de punta, tensión en el cuello, mariposas en la barriga, etc. En nuestra mente, la emoción se adhiere al pensar. Por ejemplo, me doy un susto porque he visto un bicho, emoción de miedo, y empiezo a pensar: "Anda, que si hay más", "Y si es una plaga", "Y si me pica". Los famosos "Y si...", entonces la emoción primaria se transforma en un sentimiento. En nuestro cuerpo emocional, sentimos la emoción misma y en la dimensión energética, sentimos los estados de ánimo. Cuando estamos desganados, desmotivados, entusiasmados... tiene que ver con la emoción expresándose en nuestro cuerpo energético.

> "Si a esta explicación le damos un espacio temporal, sería algo así:
>
> Ante una situación, primero sentimos la emoción primaria que nos produce sensaciones corporales. Si esa situación la mantenemos en el tiempo porque seguimos pensando en lo que nos ha pasado, se transforma en un sentimiento. Si el sentimiento, la conexión cuerpo-emoción-mente, la seguimos intensificando, transitará hacia un estado de ánimo.
> Y si ese estado de ánimo es algo habitual en nosotros, finalmente se puede convertir en un rasgo característico de nuestra personalidad. En este orden lo podemos comprender más fácilmente, aunque llevado a la práctica, con todas las emociones que sentimos, todo se solape.
> Hasta aquí la respuesta a tu pregunta. O la mía."

Sigamos. Estábamos hablando sobre la reacción y la mochila emocional que es nuestro cuerpo-mente. Cuando un proceso emocional se queda impregnado en nuestro interior, es probable que, en otro momento diferente, pero emocionalmente parecido, se reactive aquello que había quedado almacenado y con la puerta abierta. Para explicarme mejor: en mi infancia viví la muerte de uno de mis mejores amigos. Es cierto que hacía tiempo que se había cambiado de colegio, pero yo seguía teniéndolo muy presente. Un día saliendo de clase me explicaron que, en una excursión a la playa, se había metido en el agua y se había ahogado. En aquel momento, no me permití expresar todo lo que me hizo sentir. La tristeza y la rabia se quedaron en mí. Hace poco en las noticias explicaron un caso muy similar, un chico había perdido la vida en una excursión. Sin motivo aparente, me enfadé mucho y lloré desconsoladamente al verlo. Entonces, como por arte de magia, recordé el nombre de mi amigo: Nico. Busqué la noticia en los periódicos de aquellos años, vía *Google*, y la encontré. Recordé momentos con él, me permití llorar lo que necesité y reconocer lo que yo creía que había sido una injusticia. Después, sentí como esas emociones dejaban espacio a un sentimiento de paz. Y comprendí que, ahora sí, había elaborado aquella situación y las emociones que me había hecho sentir.

La armadura oxidada

Es por eso que, además de "guardar" aquello desagradable que no queremos sentir, necesitamos, desde la actitud reactiva, protegernos. Otra famosa al escenario: la coraza emocional. Aquella protección que nos creamos para hacernos creer a nosotros mismos y a los demás que lo que sucede a nuestro alrededor no nos afecta, ayudándonos a tener el semblante de persona fuerte, indomable e inmortal que tan falsa es.

> "El 90% de las veces que hacemos ver que algo no nos importa, no nos influye o no nos afecta, es mentira. Pero es un secreto, no se lo digas a nadie."

Siempre somos permeables a lo que sucede a nuestro alrededor, seamos conscientes o no, con más o menos intensidad. Por eso, tanto el evadir o evitar sentir una emoción, como el hacernos creer que estamos bien, aunque no sea así, forma parte de la reacción y el control emocional. Aquello que, por otra parte, nos han ido enseñando a hacer desde bien pequeños.

Podemos creer que si sentimos la emoción y permitimos que esté en nosotros viviremos una experiencia muy intensa. Y esto nos puede generar rechazo. Aunque no tiene nada que ver. La intensidad no está relacionada con permitirse sentir la emoción, sino con la valoración que haces de la situación en la que te encuentras. Igualmente, si generas fricción entre lo que sientes y lo que quieres sentir, es probable que la intensidad asociada al malestar aumente.

Si te sientes alegre, feliz, confiado... está bien. Si, por el contrario, lo que sientes es tristeza, rabia o inseguridad, también está bien. Cuando queremos cambiar nuestro estado emocional, elaborar y gestionar aquello que sentimos, el primer paso es dejarlo estar.

Dirige tu atención a todo aquello que te envuelve y que genera que te sientas así. Como se expresa en la epigenética, ¡lo importante es el ambiente! Es decir, el caldo de cultivo que envuelve aquella situación, conectado con lo que sientes, piensas y haces.

Entonces, es fundamental que te permitas el tiempo y espacio suficiente para que la emoción pueda compartir su mensaje y tú puedas escucharlo. No hay nada especial que hacer. Poner consciencia en cómo te sientes y dejarte sentir así. Legitimar tu estado emocional.

Reconocer nuestro *Valor* también significa darse cuenta del privilegio de sentir, de ser permeable a la vida, de formar parte de todo lo que nos envuelve. Si somos permeables a la experiencia, también podemos modificarla y, por tanto, sentirnos protagonistas de nuestra vida.

Elaborando tus emociones

Cuando observas cómo te sientes, legitimas la emoción y te das espacio para estar con ese estado emocional, el siguiente paso es dar respuesta a tu necesidad. Compartir cómo te sientes, cuidarte, darte tiempo, descansar, pedir ayuda, bajar el ritmo, nutrirte de manera más saludable son algunas de las necesidades que van implícitas con la elaboración de tu proceso emocional.

Para mí, expresarme de diferentes maneras es la mejor opción. Hablar, escribir, pintar y hacer deporte, sin pretender hacerlo de una manera concreta, me sirve de liberación. Como válvula de escape que favorece un cambio de tendencia en lo que siento para seguir dando pasos hacia mi bienestar.

Recuerdo a Álex, un chico de 31 años. Su objetivo era mejorar la relación con sus emociones. En una sesión, llegó al despacho con su pelo largo y rubio tapándole casi la totalidad de la cara y con la capucha puesta. Además, con una postura que parecía que se estaba consumiendo por momentos. Nos saludamos y me di cuenta de que ese día la palabra no sería la mejor vía de comunicación. Yo tenía el ordenador a mano, había estado trabajando antes de su llegada, y le dije que podía utilizarlo para sentirse mejor. Aceptó mi invitación. Al instante, vi cómo entraba en YouTube y escribía en el buscador: "La canción más triste del mundo". Le dio al botón de reproducir y la escuchamos.

Mientras sonaba, vi cómo le caían lágrimas por las mejillas. Gracias a que iba retirando, poco a poco, el cabello de su cara y, por ende, la capucha. En ese proceso de apertura, también recolocaba su postura corporal.

Con la intención de sostener su estado emocional y que pudiera expresarlo, estuvimos en silencio más de 30 minutos.

Cuando él creyó que era suficiente, cambió la descripción de la búsqueda: "Vídeos de humor". Los miramos compartiendo un momento de risas. Y llegado el momento oportuno, comentamos, brevemente, cómo se sentía, dando por finalizado nuestro encuentro.

En la siguiente sesión recogimos todo lo sucedido y me agradeció ese acompañamiento en silencio.

Cuando das respuesta a tus necesidades emocionales, es muy posible que tu realidad cambie de color. En el cuidado, la compasión, el apoyo, la empatía… no solo avanzas, sino que te das cuenta de la belleza que hay en nuestra vulnerabilidad. Del vínculo humano con las personas que te rodean.

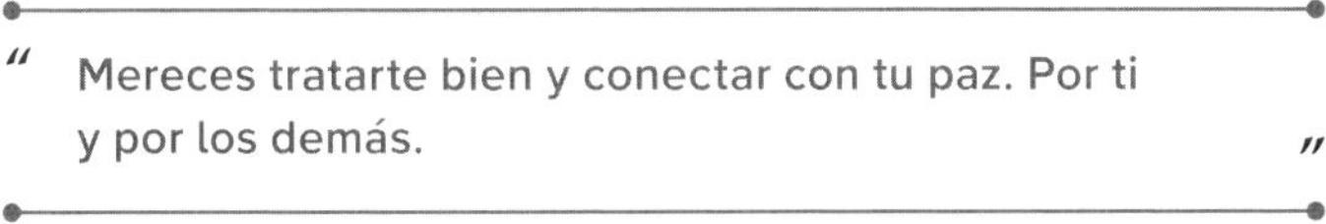

> "Mereces tratarte bien y conectar con tu paz. Por ti y por los demás."

Al cambiar tu realidad de color y teñirla con pinceladas de alivio, el siguiente paso es poner tus recursos personales en marcha para recrear una nueva experiencia. Aquella que te permita no solo sentirte como estás, sino también sentirte como quieres estar.

Compartía en el capítulo anterior que tienes la capacidad de conectar con los tiempos: pasado, presente y futuro, a través de tu mente, para extraer las fortalezas: poder, sabiduría y belleza. También eres capaz de elevar tu vibración en el cuerpo, la mente y la energía para crear un puente hacia nuevas emociones que habitar. Y así, cambiar tu estado emocional.

¿Cómo? Piensa en momentos del pasado donde lograste sentirte como ahora te gustaría estar, conecta con el momento presente a través de la respiración para apaciguar tu mente o visualízate con tus objetivos logrados para encarnar en ti todo aquello que sentirás. Explora tus recursos personales para conectar con tu bienestar.

Igual que dejas que vengan aquellos estados emocionales que son producto de valorar la situación actual en la que te encuentras, también puedes persuadir y provocar aquellos que forman parte de otro tiempo para que te ayuden en el proceso emocional. La emoción no entiende de tiempos.

¡Atento! Esto no quiere decir que anules la primera emoción, sino que la vivas desde otra perspectiva. Imagínate que estás mirando un cuadro y hay un conjunto de trazos que te llaman mucho la atención.

Te acercas a pocos centímetros de distancia para poder observar únicamente aquello que ha despertado tu curiosidad. Ahora solo ves aquella pequeña porción del cuadro y, desde ahí, sabes que es difícil que puedas comprender la totalidad de la pintura. Para poder ver el cuadro completo tienes que tomar perspectiva. Dar unos pasos atrás cambiará tu percepción y valoración sobre el cuadro. Tal vez ahora, más allá de los primeros trazos, lo que te hace sentir es diferente.

> “En el proceso emocional pasa algo muy similar. Como decía hace unas líneas, primero enfoca tu atención en sentir la emoción, darle lugar y legitimarla; después escucha tus necesidades en relación con aquello que sientes, para más tarde activar tus recursos personales y darle otra perspectiva.”

Cuando nos situamos con distancia y perspectiva ante la situación por la cual nos sentimos así, nos damos cuenta de otros elementos. Ver con más amplitud nos ayuda a ser más honestos con lo que vivimos y, seguramente, a rebajar la intensidad del malestar, conectando con emociones más agradables.

Gracias a este cambio, la primera emoción ya no ocupa toda tu visión. Se hace pequeña y más fácil de poder manejar. Siendo más fácil que puedas darle sentido a aquello que te sucede y, en la totalidad de la situación, encontrar la belleza y el aprendizaje que te regala.

Soltar y volver a empezar

El paso final, una vez transitado el proceso emocional, es quedarte con aquello que te sirve y desechar, soltar, aquello que te genera lastre.

“ ¿Qué aprendizaje adquieres de tu estado emocional? ”

Cuando puedas responder a esta pregunta con la mente y con el corazón, será momento de soltar. Dejar ir lo que sentías para dar espacio a nuevas emociones y sentimientos que seguirán acudiendo a ti en tu camino de vida.

Poniendo conciencia en el aprendizaje, tu cerebro desechará aquello que ya no necesitas. Aquellos estados mentales y emocionales a los que ya no das energía, los podará igual que las malas hierbas de un jardín. Comprobado neurocientíficamente. Y te permitirá seguir regando aquellos nuevos brotes que te ayudan a sentirte mejor contigo mismo.

Quiero que sepas que el proceso emocional es continuo. Cada situación te demanda cosas diferentes. Las emociones pueden variar aun siendo parecidas, igual que tus necesidades. No te preocupes, seguimos aprendiendo.

Es importante que te cuides, que seas comprensivo contigo mismo, que te permitas el fallo y seas flexible con tu exigencia. No hay nada mal si tienes dedicación y compromiso en el desarrollo de tu bienestar. Tu *Valor* como ser humano te seguirá sosteniendo en este proceso.

11

ESTAR EN PAZ

Si en medio de las adversidades persevera el corazón con serenidad, con gozo y con paz, esto es amor.

—Santa Teresa de Jesús

¿Qué tal estás? Hemos recorrido gran parte del viaje poniendo el foco en tu personalidad. ¿Recuerdas la metáfora del vaso en el capítulo tres? Si te has permitido experimentar en primera persona, no solo leer, lo compartido hasta aquí, habrás aclarado el vidrio, tu ego, y podrás ver de manera más nítida tu parte más esencial: tu potencial. Aquello de nosotros que es permanente. La fuente de todas tus capacidades y habilidades. La llama dentro del vaso.

Saberse poderoso y sabio te da una mejor perspectiva para poder sumergirte en las situaciones vitales. Te ayuda a sentirte tranquilo y en paz con todo lo que sucede, más allá de lo agradable o desagradable que pueda llegar a ser.

Ahora, quiero hablarte de la aceptación, de la entrega y del reconocimiento de la belleza en lo salvaje de la vida. De cómo sentirte parte y creador de tu personalidad desde el lugar más auténtico de ti.

Como es natural, en la vida experimentamos situaciones de todos los colores, de las más dulces a las más amargas. Y de algún modo, toda nuestra energía se enfoca en desarrollar momentos de seguridad, tranquilidad, plenitud, entusiasmo, etc. Para evitar aquello que nos hace sentir mal. Pasando de puntillas. Sin darnos cuenta de que tanto las vivencias memorables, en lo positivo, como las más trágicas, en lo negativo, forman parte de la vida misma.

> "Para reconocer tu *Valor*, necesitas experimentar plenamente cada una de ellas. Entregándote a la luz y a la oscuridad, para desarrollar todas las aristas del diamante que somos."

Cuando rechazas y haces todo lo posible por evitar algunas de tus aventuras vitales, estás rechazando partes de ti. De tu ser humano completo. Por eso, aunque pueda generarte algo de inquietud, llegado este momento, con el trabajo que has realizado, es bueno que te dejes impregnar por la vida.

Todo incluido

Explora tu felicidad y tu dolor, la seguridad y la inquietud, el amor y el miedo. Tengo la convicción de que el camino más rápido para conectar con nuestro poder, sabiduría y belleza es la ruta de la vida misma. Sin añadidos y sin colorantes. En su naturalidad salvaje.

Aquí te puede surgir la creencia o el valor de la justicia. Tenemos la idea de que si hacemos las cosas bien nos podremos evitar ciertas experiencias incómodas y dolorosas. Porque claro, no nos lo merecemos, hemos cumplido con todo lo que se supone que la vida nos pide y hemos sido buenos. Pero seguro que ya te has dado cuenta de que la vida no funciona así. No hay justicia en cuanto a lo que vas a vivir. Puedes estar enfermo, tener un accidente, arruinarte o, por el contrario, vivir una vida adinerada, estar siempre a salvo y gozar de una salud de hierro, más allá de tu comportamiento.

Volvamos a la palabra justicia. ¿Qué sería justo para ti?

Para mí, lo justo es que te reconozcas en quien eres, que te des cuenta de lo que puedes aportar al mundo, que celebres tu personalidad, tus relaciones, tus aciertos y también tus fracasos. Para mí, lo justo es que nos demos cuenta de la oportunidad tan maravillosa que es la vida para desarrollarnos como seres humanos. Más allá del sentido que le queramos dar a estar vivos.

Entonces, si entiendes que la justicia solo depende de ti, porque es una creencia humana, es más fácil que puedas entregarte a lo que tienes delante y que puedas aceptar el momento presente. Seguramente, si crees en planes divinos, en el destino o en la causalidad, todavía puedes reforzar más el hecho de vivir plenamente lo que ahora estás experimentando.

A continuación, comparto contigo algo muy importante:

> "La aceptación y la entrega a lo que vives no significa conformarte, renunciar a tus sueños, ser sumiso y no quejarte de nada. Significa que cuando sientas alegría, la disfrutes y cuando sientas miedo, permitas que esté ahí contigo. Que cuando estés en un momento de abundancia lo celebres, y cuando la recesión llame a tu puerta, encuentres la fortaleza para sostenerla, para rebelarte y estar en paz."

Si, como en un baile, te permites danzar con cualquier circunstancia, la huella mental y emocional estará al alcance de tu creación. Podrás, moldear las creencias y emociones que surjan de lo que vives.

Durante los últimos años he vivido situaciones en mi vida intensamente desagradables. Quiero destacar una. En el ámbito laboral he estado tremendamente incómodo, sin encontrar mi lugar dentro del equipo de trabajo y queriendo generar cambios que me permitieran pasar página. Me he sentido en un puente entre dos aguas. Durante el tiempo que ha durado el malestar he luchado mucho. Saliendo a flote aquellas características de mi personalidad que menos me gustan. He visto mi soberbia, mi prepotencia, el rencor, la manipulación, aquello que en algunas tradiciones y filosofías llaman la sombra. Y aunque estaban en coherencia con lo que estaba viviendo, no las quería ver ni en pintura. Porque claro, soy buena persona. Y todas las características que he compartido no forman parte de las buenas personas, ¿no?

Me ha llevado un tiempo entender que estaba activando constantemente la máquina del fango. He sido consciente de cómo estaba entorpeciendo el libre fluir de la vida, aferrándome, sin entrega ni aceptación, a lo que yo creía que tenía que ser. A mi deseo, más que a lo que estaba sucediendo. A mi idea de vida, que está en mis expectativas y creencias, y no a la vida real.

Ya no tenía energía para seguir luchando; la mejor opción era rendirme. Y justo en esa rendición, he encontrado la paz que tanto anhelaba. Ahí he sentido como todo estaba bien. Realmente no había nada que cambiar, porque lo que he vivido formaba parte del cambio: el mío. Entonces, la energía que estaba invirtiendo en conseguir lo que yo creía que era justo se ha depositado en ver la oportunidad y la belleza de cada situación. Entregarme a lo que es, sin la necesidad de cambio. Aceptar mi soberbia y prepotencia cuando creo que merezco más, aceptar el rencor cuando algo me duele y la manipulación cuando pienso que puedo lograr mi objetivo.

Me he dado cuenta de que estas características que he nombrado no eran tales, sino que estaba activando mi *Valor* propio, y al no estar acostumbrado a ejercer mi derecho de cuidarme y mirar por el bienestar común, no solo el de los otros, estaba confundiendo la autoestima con el egoísmo. Sucede que cuando alumbras la sombra, te das cuenta de que la misma desaparece. Por lo tanto, la clave no está tanto en si lo que vivimos nos parece justo o injusto. O si nos lo merecemos o no. Sino en comprender el funcionamiento de la vida y la relación que nosotros tenemos con ella.

Como la vida misma

> "Cuando te das cuenta de que tú eres la vida, porque la estás creando a través de ti, todo cobra sentido. No eres el responsable de lo que te sucede, eres lo que te sucede."

La vida se expresa a través de ti, igual que tú te expresas a través de la vida. Así, entregarte a lo que vives es entregarte a ti. Aceptar tus circunstancias es aceptarte. Ver la belleza en lo que sucede es reconocer tu belleza. Tu *Valor* como persona y ser humano es el *Valor* de la vida.

Estar en paz no tiene que venir acompañado siempre de estar bien. Porque formamos parte de la dualidad que hemos construido en las leyes sociales y que vemos en las leyes universales. Soy el primero que le gustaría que, cuando te acompaño, solo sintieras emociones agradables y que tus pensamientos y creencias te alzaran hasta lograr todo aquello que deseas. Aunque, bajo mi punto de vista, creer en esta idea resulta ingenuo. Ya has experimentado los giros de la vida que, en algunas ocasiones, vienen sin esperarlo. Tanto en lo agradable como en lo desagradable.

Estar en paz significa estar presente en lo que te sucede ahora. Dentro y fuera. Aceptar, con humildad y sabiduría, el punto del camino en el que te encuentras; reconociendo tu vulnerabilidad, fragilidad y todo lo que eres capaz de sostener, comprender y lograr hacia una mayor comprensión de ti mismo. En el autoconocimiento está el desarrollo saludable. Cuando sabes quién eres, tus pasos van en dirección a tus necesidades.

Be water, my friend

Para concretar lo que quiero transmitirte, comparto contigo un concepto que conocí del taoísmo a través de Bruce Lee: *Wu wei*.

He de confesarte que el artista marcial ha sido uno de mis referentes en mi camino de autoconocimiento y desarrollo personal. *Wu-Wei* significa "no-hacer". Por supuesto, no se refiere a estar en el sofá sin moverte, sino a aprovechar cada movimiento de la vida, situación o experiencia, para acompasarte a su ritmo y utilizar esa misma energía a tu favor. Por ello, te propongo que dejes que las experiencias de la vida te vayan aportando aquella información que necesitas, dejando que vengan como las olas en la orilla de la playa, permitiéndote sentir cuando es el mejor momento para actuar. Sin prisas y con pausas, como dice José María Toro.

> "La paciencia, la ciencia de la paz, es la clave para que tu actitud se vuelva serena y atenta, soltando los posibles comportamientos compulsivos que provienen de querer acelerar los acontecimientos."

Dicho esto, entiendo que puedas pensar que es algo muy complicado. A nivel social y cultural, nos han enseñado que para lograr un cambio y/o nuestros objetivos hace falta siempre más esfuerzo, sacrificio y sufrimiento.

Pero en esta ecuación del más, en la mayoría de las ocasiones, no entran la paz, la tranquilidad, el equilibrio y la serenidad. Es incompatible funcionar alejados de nuestro *Valor,* invirtiendo nuestra energía únicamente en conseguir aquello que creemos que nos falta para completarnos, y sentirnos en paz.

Escucha tus necesidades, recógete en un espacio seguro para ti y habla lo más honestamente posible contigo mismo. ¿Cuánto de lo que haces está alineado con sentirte en paz? ¿Cuánta lucha albergas en tu interior? Cuando no dejas que aquello que vives te toque, siendo permeable, estás poniendo una barrera que fricciona entre tú y la vida. Pensar "esto ahora no toca", "sentirme así es debilidad", "tengo que mostrarme diferente" o "lo que me pasa es una tontería" es una negación a ti mismo y, por ende, a la vida.

Sí, quiero

Ahora mismo, empieza a vivir con un sí rotundo. Sí, a todo, con energía. Aunque esto haga que el amor sea muy intenso, y la pena o la tristeza también. Aunque la dualidad se magnifique. Porque entonces ahí, paradójicamente, todo se equilibra y se calma. Utiliza tus emociones y tus creencias como un trampolín que te acerque a tu esencia. Como en la alquimia, depúralas hasta hacerlas lo más transparentes, puras y brillantes posibles. Con humildad, bondad y honestidad. Sabiendo que eres un aprendiz en un campo de juego que se llama vida, con un avatar que denominamos ser humano y que lo identifica su nombre y su personalidad.

> "Es importante que te des cuenta de que en ti existen lo perenne y lo caduco. Aquello que cambia constantemente: el físico, las emociones, los pensamientos, las relaciones, las situaciones vitales; y aquello que permanece intacto: tu parte más esencial, lo que eres más allá de la construcción personal o social."

Es la estructura base que está en ti de manera natural y fácil sin haber realizado un aprendizaje concreto. Rasgos de tu personalidad que te acompañan desde tu nacimiento.

Entonces, ¿qué sentido tiene invertir toda nuestra energía en mantener aquello que sabemos que va a cambiar? ¿Por qué generar tensión, inseguridad o estrés si no depende de nosotros en su totalidad? Cuando te relajas con lo que no controlas y no eres, puedes invertir la energía en lo que sí eres y acercarte a tu bienestar.

Recuerdo a Lara, una mujer de 35 años, cuyo objetivo era ampliar sus relaciones sociales. Por diferentes motivos, relacionados con sus antiguos amigos, había perdido la confianza en ella y le costaba mucho entablar una relación de amistad con personas nuevas. En el transcurso de las sesiones, se dio cuenta de la creencia que estaba impidiendo que se mostrara con naturalidad. Pensaba que necesitaba ser una persona diferente para poder gustar y entablar amistad con alguien. Cargaba con la culpa de sentir que lo que no había funcionado anteriormente, con sus antiguas amistades, era ella.

En el proceso, le acompañé a reconocer qué formaba parte de su esencia más allá de su estado emocional actual. Focalizándose en su manera de ser, identificó qué le hacía estar bien consigo misma sin necesidad del otro. A partir de ahí, se comprometió a complacerse reconectando con sus hobbies. Curiosamente, practicando lo que más le gustaba, se reencontró con ella misma y su vitalidad fue un imán para encontrar de nuevo la amistad. Por supuesto, con relaciones de una gran calidad humana.

Lara transformó la culpa cuando se entregó a ella misma, aceptando su autenticidad y originalidad. Aún puedo visualizar con claridad el momento cuando me dijo que se había perdonado y que ahora era mucho más feliz.

Hacerte consciente de tu autenticidad te permite vivir sin ataduras; acogiendo y soltando lo que te sucede para lograr, en el camino de la vida, vivir en paz. La paz que hay en la aceptación, la comprensión y la entrega. En el sí a lo que tú estás siendo en este momento. En el sí a tu *Valor.* En el sí a la vida.

12

SILENCIO

Una posada, la del silencio, donde te dice:
entra, pasa, esta es tu casa, esta es tu patria,
tu hogar.

—José Fernández Moratiel

Estar en paz puede ser un instante o un proceso de vida. Estando presente en una situación en concreto o haciendo de tu camino la presencia.

El silencio, para mí, es la puerta de entrada a la interioridad más profunda. Contemplando, llegan las respuestas y el orden a las diferentes áreas vitales. Es un hacer pasivo y muy poderoso. Saber percibir el movimiento de los cambios y lograr el temple justo para dar el paso certero en cada momento.

El silencio del que te hablo es paz, amor, serenidad, sabiduría, poder, compasión y ternura, porque es un espacio donde todo lo que nos sucede es bienvenido. Es un templo donde los visitantes llegan, se purifican y se van. Es semilla y campo fértil. La luz en la penumbra. Vida y creación.

> "Como dice Pablo d'Ors, escritor y sacerdote, en su libro *Biografía del silencio: «El silencio, no como ausencia de ruido, sino como silenciamiento interior».*"

A ese me refiero yo, al que le ofrezco mi devoción cada día, mañana y noche, para descubrir qué soy y qué es aquello que permanece siempre en mí. Aquel que nace de la pregunta misma, siendo también la respuesta. El silencio que habla.

El camino interior

Como he ido compartiendo contigo durante este viaje, todo empezó con 17 años. Seguramente fue antes, pero ahí me hice consciente del problema. No me quedó más remedio. En aquella época, debido al trastorno de ansiedad y el malestar que me producía mis prioridades cambiaron. Ya no salía tanto con los amigos, la relación con mi pareja se volvió inestable, dejé de jugar al fútbol, los estudios de Bachillerato quedaron en un segundo plano, y me centré en entender y comprender qué me estaba pasando y cómo podía solucionarlo. Con ayuda en un primer momento, y sin ella después, me hice consciente de que necesitaba rebajar el ritmo, sobre todo mental, dejar de querer controlarlo todo, soltar a un lado la imagen de lo que creía que era ser buena persona y escuchar mis necesidades. Iniciar un proceso de autoconocimiento que cada vez me fuera iluminando más, dando respuestas a lo que estaba experimentando.

Puedo decir con satisfacción que aún hoy estoy inmerso en ese autoconocimiento y por eso puedo compartir contigo *"El Valor de Ser Humano"*.

En el espacio temporal que sigue ocupando mi desarrollo personal, el proceso ha ido evolucionando en cuanto a los recursos que me han ayudado a conocerme mejor. Llevar la atención a la respiración fue el primer recurso que aprendí y entrené, siendo clave en los primeros pasos para recuperar mi bienestar. Consiste, simplemente, en poner atención a cómo entra y sale el aire por la nariz. De manera natural, sin incidir en ella. Sea como sea esa respiración, mirarla. Parece fácil, pero en un primer momento la facilidad no hace acto de presencia. Nuestra "Monkey mind", o mente de mono, como llaman en la tradición budista al descontrol mental, indeciso, confuso y caprichoso que tenemos, es una compañera cuanto menos rebelde.

Te propongo un recurso para esta práctica:

Busca un lugar tranquilo y cómodo, encuentra una postura agradable y atenta. Una vez cómodo, empieza a observar tu respiración. Puedes centrarte en todo el ciclo, inspiración-pausa-expiración-pausa, o solo en las fosas nasales. Intenta no intervenir, que sea una respiración natural. Cuando entres en el estado mental-corporal donde el acto de respirar se vuelve natural, y con ello me refiero a que dejas de luchar por controlarla, quiero que cuentes mentalmente cada ciclo respiratorio hasta llegar a veintiuno:

—Inspira-expira y cuentas uno, inspira-expira y cuentas dos, así sucesivamente hasta llegar a veintiuno.

Cuando lo hayas logrado, a veces nuestra mente se va y te puedes desconectar, no pasa nada, empiezas de cero, haz la cuenta inversa de veintiuno a cero, siguiendo el mismo procedimiento.

En mi caso, prestar atención a mi respiración, una y otra vez, me ayuda a estar en el momento presente y centrarme, depurando mi estado interno. Seguro que con paciencia y práctica surge el mismo efecto en ti.

Meditación

En estos días que escribo, recién cumplidos los treinta y cinco, me doy cuenta de que ya llevo unos cuantos años dedicados a la práctica en mi propia atención e interioridad. Aunque, siendo honesto, hace cinco años que empecé a practicar diariamente. Antes, mi relación con el silencio y la meditación había sido bastante intermitente. Mi ajetreo mental y sobre todo mi identificación con los pensamientos ganaban la partida. Por lo tanto, no ha sido un camino recto ni tampoco fácil. Paciencia, perseverancia y resiliencia son las habilidades clave para lograrlo.

Tengo que confesar que siempre ha resonado en mí, a modo de llamada o reclamo, la práctica de la meditación como el modo más natural para conectar con el silencio interior. Siendo mi bote salvavidas. Mi guarida donde encontrarme y comprender cada momento de tensión e intensidad.

He practicado desde diferentes corrientes y tradiciones filosóficas y espirituales. He participado en grupos de investigación sobre meditación budista, en retiros con monjes benedictinos, en sentadas desde una mirada cristiana, he practicado yoga y pranayamas y, finalmente, siempre he vuelto, en soledad, al espacio que he creado en mi propia casa. Ha sido así, gracias a este cúmulo de experiencias meditativas y aprendizajes en el camino para salvaguardar mi salud mental, poder conocerme mejor y reconocer mi *Valor*, como me he rendido al silencio.

Antes de continuar, quiero que sepas que dicho silencio lo puedes encontrar en cualquier lugar porque siempre está en ti. No únicamente sentado en flor de loto, en un zafu o en una banqueta de meditación. Está dando un paseo, haciendo deporte, charlando con alguien… siempre y cuando seas consciente de la presencia que eres en cada momento. Que sientas la energía disponible y la consciencia que hay detrás de todo lo que haces, piensas y sientes en tu día a día.

Para ir familiarizándote con esa energía y consciencia, te propongo lo siguiente:

Cierra los ojos y siente tu respiración, obsérvala. Después, lleva tu atención al pecho. Sin intermediarios. Te pido que tu atención esté en ese espacio que ocupa esa parte de tu cuerpo, no que lo pienses o te lo imagines.

Puede resultar complejo, no te preocupes. Forma parte del entrenamiento para sentir el silencio y la consciencia que eres.

Una vez que sientas tu pecho, deja que la energía se haga presente. Tal vez, puedas sentir un hormigueo, una vibración o una sensación. Mantente ahí. Sigue observando. Es probable que se intensifique. Con esta energía, atención y consciencia, sigue escaneando tu cuerpo. Siente cómo estás centrado en el presente y cómo el silencio se hace también presente. Regálate el tiempo que quieras en ese estado. Es un espacio seguro para ti. Una puerta que abres hacia el reconocimiento de aquello que siempre está ahí, lo que eres. Tu Valor.

Hogar y templo

Cuando practico, escucho y leo sobre el silencio, siento que estoy en casa. Ese espacio verdadero y auténtico que nos constituye como seres humanos. Es la esencia que siempre está presente, la podamos sentir o no. La fuente original de todo lo demás.

En los momentos de meditación siempre hay ruido externo e interno. Escucho el motor de los coches, los pasos de los vecinos de arriba, el gorgojeo de los pájaros, el viento golpeando en las persianas, mi gata maullando, etc. También siento las sensaciones en mi cuerpo, las emociones agradables y desagradables, los pensamientos repetitivos o el juicio de diferentes voces cuando me viene a la mente una situación pasada o futura, y ayudándome de la atención a la respiración, al cuerpo y al espacio que hay entre ruidos, dejo que estén allí. No quiero que nada cambie, me permito estar con lo que hay.

Hace años, cuando empecé este camino, había lucha, resistencia y tensión. Quería entrar rápido en un estado de paz y tranquilidad. Respiraba como se suponía que tenía que respirar, intentaba parar los pensamientos, cambiaba mi postura a cada instante para no sentir sensaciones desagradables y me juzgaba constantemente. Hoy en día, en pocas ocasiones, eso sí, me sigo pillando en la misma actitud y siempre dejo que pase el tiempo. Atento a todo lo que sucede, en mi respiración y más allá. Entonces, llega un momento –y digo llega porque no lo elijo yo– que siento como me voy introduciendo en la profundidad. Mostrándose ante mí lo que hay detrás de todo el ruido.

Parece que estoy inmerso en una sesión de snorkel. Me veo vestido con el traje de buzo, las gafas, el tubo y las aletas, observando el fondo, aunque estando aún en la superficie. Me dejo llevar hasta que siento que todo lo que soy está sumergido en la profundidad. Presente, en silencio y en paz. Te puedo decir que es un espacio inmenso en el que no hay una forma concreta de nada. Simpleza, sencillez, honestidad, luz y sombra, humildad, vulnerabilidad y, en definitiva, *El Valor de Ser Humano.* Se desvela, como por arte de magia, lo que hay entre bastidores. Te ves auténtico y original.

Además, no volverá a existir un momento idéntico. Podrá ser parecido, pero nunca el mismo. Igual que, aunque sigas siendo tú mismo la persona que medita, también serás diferente.

He tenido la osadía de intentar clonar momentos de silencio en diferentes días, chocándome siempre con la frustración y la impotencia por no poder dirigir de manera premeditada y consciente esa experiencia de meditación que tanta paz me ha descubierto. Eso sí, he conseguido generar un hábito en la repetición, en el éxito y en el fracaso de las sentadas, en los momentos de paz y también de angustia. He aprendido a tomar distancia de mis pensamientos, aunque siempre hay momentos de vuelta al ruedo, sobre todo con situaciones en las que siento miedo.

Ahora la ansiedad se puede presentar, pero mi relación con ella es diferente y, por tanto, la intensidad y su influencia sobre mí disminuyen en gran medida, incluso hasta llegar a transformarla en una emoción agradable.

Comparto mi vivencia para que, si te resuena, puedas verte reflejada en ella. No me gustaría que lo vivieras con una gran distancia entre tú y yo, si es que vives el silencio y la meditación como algo que crees que no puedes lograr. Si yo he sido capaz, te aseguro que tú también puedes conseguirlo. Por eso, una vez compartida mi experiencia, te voy a acompañar para que puedas sentir y reconocer tu propio silencio. Al fin y al cabo, es el silencio de todos.

Quietud y paz

La primera idea que quiero presentarte es esta. La paz no es algo a conquistar. No necesitas hacer un esfuerzo muy grande para lograrla. Todo lo contrario, soltar y dejar ir para que se pueda desvelar.

> "Hablo de la paz que genera el ir en sintonía con la vida y con tu naturaleza como ser humano. La paz que comprende cualquier situación en la que estás inmerso."

No me refiero a la tranquilidad de tener tus necesidades básicas cubiertas o a la felicidad por lograr un sueño, tampoco a la serenidad que puedes sentir estando en un lugar seguro para ti. Va más allá de todo eso.

Por eso, para encontrar el silencio interior, es necesario adentrarte en el ruido. Si quieres evitar la incomodidad, el dolor o incluso el sufrimiento, estás generando una barrera para reconocer tu *Valor* y estar en paz. Esta es una de las dificultades más grandes que puedes encontrar a la hora de querer sumergirte en tu interior.

Como seres humanos, hemos aprendido a rechazar aquello que consideramos negativo y, por lo tanto, si algún pensamiento, emoción o situación que vivimos nos conecta con el malestar, activamos el modo reactivo para salir lo más rápido posible de allí. Y no nos damos cuenta de que al realizar dicha acción estamos otorgando un mayor poder a lo que sucede. Reduciendo nuestra capacidad personal para gestionar lo que tenemos entre manos.

Para conectar con el silencio, te pido que permanezcas en cualquier estado en el que te encuentres con la firme intención de iniciar tu sanación. Si entras en tu interior y pasas por las diferentes capas que forman la superficie, recopilarás información de tu funcionamiento. Verás tus mecanismos, aquellas actitudes, pensamientos y emociones que más se repiten en ti, y cómo te relacionas con ellos.

Conocerte mejor es una carta ganadora.

Una vez te permites entrar, ya puedes sentir que estás en casa. Porque todo lo que ves, percibes y reconoces te pertenece. Forma parte de ti. Es tu camino, tu historia personal traducida en pensamientos, emociones, patrones, creencias, sentimientos, hábitos, etc. Teniendo la oportunidad de vaciar tu estancia, reorganizarla e incluso descubrir espacios nuevos que aún no conoces.

Seguro que has escuchado y dicho aquello de "Hogar, dulce hogar", porque en muchas ocasiones estar en casa es sentirse en un lugar conocido, cómodo y seguro, donde puedes estar tranquilo y con la libertad de mostrarte tal como eres y como sientes.

Cuando nos acogemos en nuestra intimidad y sentimos que estamos a solas, afloran todas aquellas partes de nosotros: creencias, emociones y sensaciones, que nos resultan agradables y también desagradables. Nos hacemos transparentes a lo que sucede en nuestro mundo interno. Por lo tanto, estar en casa siempre es una oportunidad para estar contigo, tomar parte de la realidad en la que estás sumergido y comenzar a generar el cambio que necesitas para estar en paz.

Como podrás intuir, meditar no siempre es conectar con un remanso de tranquilidad y serenidad. En ocasiones puede resultar incómodo, frustrante, inquietante… pero el silencio, que forma parte del fondo, siempre acude a ti para recogerte y cuidarte. Reconocerlo es un acto de confianza. Es la esperanza de vivir, nuevamente, sintiendo tu *Valor*. Es la fe de saber que eres mucho más de lo que ahora puedes percibir. Para una vez recorrido el camino, transformar esa fe, esperanza y confianza en una realidad permanente e incontestable.

El método

Con el objetivo de facilitar tus primeros pasos para sentirte en casa, sumergiéndote en tu interioridad, comparto contigo un acróstico con cuatro conceptos clave que moldearán tu actitud para hacerte permeable al silencio.

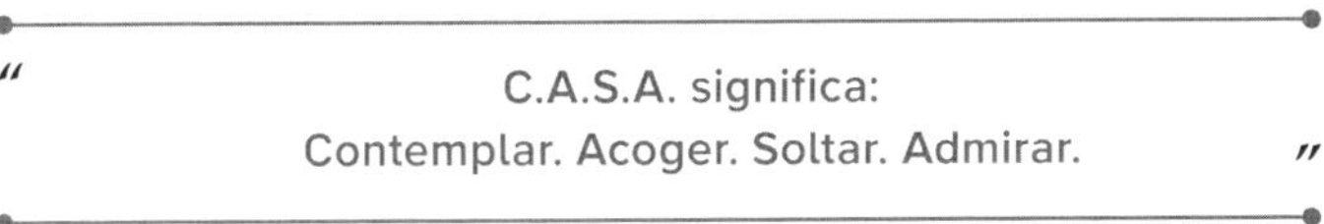

Contemplar es mirar y ver. Observar tu respiración, los pensamientos que recorren tu mente, las historias pasadas, presentes y futuras que se dibujan en tu imaginación, las conversaciones con los diferentes yo, las emociones, las sensaciones corporales, los ruidos externos, tus necesidades, tus ganas de estar o de finalizar lo que ahora estás haciendo, etc.

Es darse cuenta, mirar a los ojos a tu estado actual. El cómo estás y el quién estás siendo en este momento. Dejándote impregnar por la energía que desprendes. Reconociendo tu estado de ánimo.

Como si estuvieras en la sala de un museo, en silencio, respetando el arte que forma parte de tu vida. Poniendo toda tu atención en aquello que se está exponiendo para ti. Lo único que en este caso formas parte de la creación a la vez que eres el observador.

Acoger y soltar es estar. Estar presente ante aquello que se manifiesta en ti. Porque si emerge y se presenta, tiene derecho a permanecer, al menos en ese instante. Como en un templo con las puertas abiertas a todo visitante, que revolotea para después marcharse. Tú eres ese espacio donde las sensaciones, los pensamientos y las emociones son visitantes. Acoges para mostrar tu capacidad de escucha y atención, para ser lugar de encuentro, recibiendo la información de quien te visita para transformarla en aprendizaje.

Abrir las puertas de tu templo es un signo de confianza y valentía. Es saberte el líder de tu interioridad. Dando paso a la alegría y a la tristeza, a la seguridad y a los nervios, al amor y al miedo. También a los pensamientos, para que puedan sentirse libres, y a las sensaciones de tu cuerpo, el vehículo sagrado que te acompaña en esta vida.

Con esta actitud no hay guerra. No hay tensión ni conflicto. Eres un espacio amigo.

Por lo tanto, acoger no es poseer, controlar o dirigir. Una vez que has recibido a los visitantes y te han ofrecido sus mensajes, es momento de dejarlos marchar. Suelta el vínculo y la conexión que te une a ellos para dejar espacio a lo nuevo. Si te liberas, te vacías para volver a llenarte.

El gesto de acoger y soltar es una oportunidad para seguir creciendo. Es crear espacio entre tú y lo que te sucede. Así, nada se estanca y el ciclo de renovación está activo. En la meditación, contemplas, miras y ves, dando cobijo a todo lo que surge y, también, dejando que se vaya, para abrir las puertas a lo profundo que hay en ti. A tu parte más auténtica y natural.

La **admiración** es el reconocimiento de tu *Valor*. Solo posible una vez que has recorrido los tres primeros pasos, engranándose como un ciclo vital.

Es momento de ser, de sentir que tus sensaciones, tus pensamientos y tus emociones se ralentizan y se van posando en el fondo, generando el vacío. El espacio fértil. La sabiduría y el poder de la "no-acción".

Instante para estar contigo, vivir tu intimidad y fundirte con lo que eres.

Para ser, no hay nada que hacer. Has generado la actitud necesaria para que el silencio interior se haga en ti. Aquí, es posible que ya no haya agradable o desagradable, bienestar o malestar. Estás más allá. Ya no formas parte de la vida, sino que eres la vida. Te fundes en el silencio siendo uno. Ahora, admira la belleza de lo que eres. Ver tu magnificencia te facilitará una mayor comprensión de lo que estás viviendo en este momento de tu vida, obteniendo una perspectiva diferente que te ayudará a estar en paz. Incluso más allá de lo que pueda suceder en el desenlace de aquello que te gustaría cambiar.

Estar y ser en el silencio es algo cotidiano y natural; aunque hoy en día pueda resultar extraño por el ritmo frenético que llevamos y la atención permanente en la acción más que en nuestra interioridad.

La actitud meditativa

Incorporar esta práctica diaria a tu vida es algo esencial, aunque no necesitas hacer piruetas para transformarlo en un hábito. A mí me ha ayudado que mis momentos de conexión con el silencio, ya sea sentado, caminando, teniendo alguna conversación o leyendo, sean orgánicos. Y con esto quiero decir que sean fáciles de integrar en mi día a día. Lo mantengo en el tiempo y, por lo tanto, debe ser algo eficiente y eficaz.

"La meditación es una actitud más que una acción."

Lograr que esa actitud vaya ganando protagonismo en ti te ayudará a que en cualquier situación estés generando la disposición de conectar con el silencio, cambiando tu perspectiva y acercándote a tu objetivo. Hacer de la actitud meditativa una prioridad es una proposición para que todo se transforme en tu vida. Parece arte de magia, pero simplemente es reconocer el *Valor* que atesoras como ser humano y ponerlo en juego.

Reconocer tu *Valor* crea una realidad distinta.

Ahora, solo te queda practicar. Puedes aprovechar el momento y que estar en C.A.S.A. sea la continuación de contar tus ciclos de respiración hasta veintiuno. Inicia con la respiración para lograr un estado de presencia, equilibrio y armonía, para luego entregarte a la meditación.

> " Es importante que las primeras veces, hasta que sientas que has generado el hábito, pongas mucha atención en escoger y preparar el espacio donde te encontrarás contigo mismo. Hazlo solo, en un espacio con poco ruido donde te sientas cómodo, si es posible. Te puedes ayudar de una vela o incienso, una invitación a lo transpersonal. "

Sé realista con el tiempo de práctica. Empieza con unos pocos minutos y verás cómo de manera natural vas aumentando el tiempo. Aunque ya sabes que el tiempo es relativo, no es lo más importante en una meditación. Sobre todo, disfruta de la aventura de ser puramente tú y más allá.

13

MÁS ALLÁ DE TI

Para venir a lo que no sabes,
has de ir por donde no sabes.
Para venir a poseer lo que no posees,
has de ir por donde no posees.

—San Juan de la Cruz

Llevamos muchos años identificándonos con la idea de lo que somos. Hemos construido nuestra vida, nuestras experiencias, aquello que pensamos y sentimos en consonancia con esa creencia que tenemos de lo que somos. Un pensamiento repetitivo con el cual nos hemos identificado y, seguramente, limitado. Por eso, en algunas ocasiones, cuando hemos querido generar un cambio en nosotros mismos, nos encontramos con que nuestro sistema automático, subconsciente e inconsciente, sigue funcionando de la misma manera, o sea, dificultando tu progresión y desarrollo personal.

La secuencia sería algo así como prueba-resultado-fracaso-abandono, repetido un gran número de veces y en diferentes situaciones de nuestra vida. Por lo tanto, se refuerza más la idea, la imagen o la creencia de que somos tal cual nos vemos y/o nos ven.

Para salir del círculo que nos estanca, nos vuelve rígidos y nos impide poder generar cambios significativos, es importante ir más allá de nuestras estructuras personales. El cambio y la superación van de la mano.

Para que la secuencia se transforme en prueba-resultado-aprendizaje, tienes que persistir con resiliencia para crear el mecanismo del cambio, con las piezas útiles de tu último intento. Es por eso que la meditación y el silencio nos allanan el camino. Estar y ser de manera consciente genera ese punto de lucidez y anclaje que permite vernos desprovistos de las ideas estancas sobre nosotros y lo que nos sucede.

Dejar de ser tú

Quiero compartir contigo un ejemplo personal para explicarme mejor.

Cuando hace 10 años empecé a acompañar a personas en su desarrollo humano y profesional, la seguridad y la confianza en mi trabajo no eran los pilares principales. Recuerdo los primeros talleres y formaciones con cariño y gratitud, aunque en aquel momento, cuando me situaba delante del grupo o de la persona, lo que sentía era nervios, frustración e inseguridad. Recuerdo también charlas en casa con mi pareja, Elena, sobre si continuar dedicándome o no a la labor de acompañar. Tenía momentos de profunda tristeza por vivirlo tan mal, por no ser capaz de disfrutar del trabajo que estaba en total sintonía con mis valores. Por suerte, destino o fe, yo sentía, en lo profundo de mí, que estaba en el lugar correcto.

Había acabado la carrera de Ciencias de la Actividad Física y el Deporte, persiguiendo el sueño de ser profesor de educación física. Sin embargo, por ese sentimiento o intuición profunda de que mi propósito y misión era acompañar a personas hacia su bienestar, me permití cambiar de sueño. Recuerdo que cuando cogía un libro de la biblioteca que hablaba sobre desarrollo personal, en varias ocasiones brotaban las lágrimas de mí y sentía un entusiasmo y una plenitud que eran mi guía. Hoy, me sigue acompañando esa sensación.

Me formé en inteligencia emocional, meditación, coaching, PNL y otras miradas de la psicología humanista. Y cuando obtuve la suficiente experiencia, la confianza y la seguridad se convirtieron en mis pilares, haciendo todo lo posible por conectar con la otra persona para acompañarla hacia su éxito personal o profesional a través de reconocer su *Valor*.

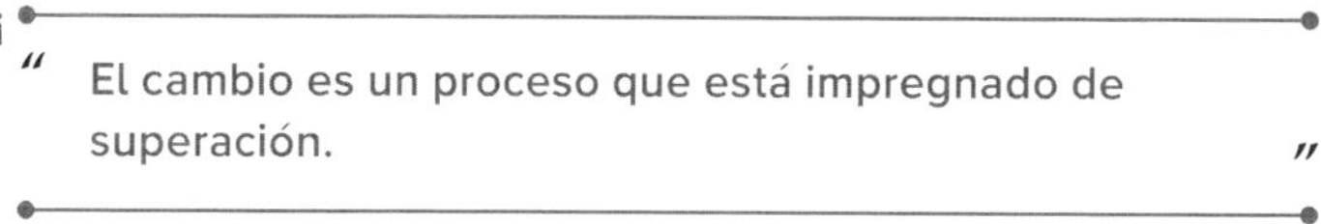
" El cambio es un proceso que está impregnado de superación. "

El Javi de ahora, en la superficie y en las formas, nada tiene que ver con mi yo de hace 10 años. En aquel momento, tuve fe y esperanza en que lo que sentía en la profundidad era mi guía. Fui más allá de la idea que tenía de mí para descubrir la capacidad de poder acompañar y comunicar, dándome cuenta de que con la práctica y la experiencia podría, incluso, reconocer que se me da bien.

Ir más allá de ti es justamente lo que dice. Aunque es importante aclarar que no me refiero a que "No hay límites" o "Puedes conseguir todo lo que quieras". Me refiero a la capacidad que tienes para desdibujar aquellos patrones y hábitos poco saludables de tu personalidad, abriendo la puerta a lo esencial que hay en ti para reconstruirte de nuevo.

Superación

Como decía al inicio de este libro, hablando sobre el cambio, todo se está transformando a cada momento. De ti depende que esa transformación la puedas hacer más consciente y, por tanto, influir en la dirección que toma.

La superación es inherente al ser humano, ya sea por acción o contemplación. Cuando vas más allá de lo que crees que eres, te estás dando la oportunidad de reconocer el *misterio* de la vida. ¿A dónde estás destinado a llegar? ¿Qué frutos te va a regalar tu desarrollo humano en tus relaciones, en el ámbito laboral, con la pareja o en la familia?

> "Recuerda que la meditación es estar en C.A.S.A. y que, para estar presente, acoger y soltar es clave. Ahora, para descubrirte en tu mejor versión, es importante que te sueltes a ti mismo."

Deja que aquello que has acogido durante tanto tiempo, en tus estructuras personales, también se pueda marchar. Con la intención de generar un cambio que te permita ir más allá del horizonte que proyectas cada mañana cuando te levantas o cada noche cuando te vas a dormir. Para avanzar en un camino, necesitas espacio delante de ti. En este caso, también necesitas espacio en ti.

Cuando pensamos en lograr un objetivo o un sueño, lo hacemos proyectando el futuro. Como decía hace unas líneas, dibujamos un horizonte que nos sirve de guía. Sabemos a dónde queremos llegar, la persona que queremos ser y la vida que queremos tener. Aunque también es cierto, como pasa con la memoria a largo plazo, que, si el horizonte refleja un futuro lejano, el cambio y la desviación serán mayores. No en el fondo, porque la esencia de lo que deseamos puede ser la misma, pero sí en las formas.

Superarse proyectando el futuro lo llamo: superación horizontal. En la línea de tiempo vamos avanzando, realizando acciones que nos permitan salvaguardar los obstáculos y consolidar nuestra mejor versión.

¿Y qué significa entonces generar espacio en ti? Lo que denomino: superación vertical.

No se trata únicamente de proyectar el futuro y realizar acciones que nos ayuden a avanzar, sino de superarnos en el presente. Para ello, hay que sumergirse en uno mismo. Muchas de las resistencias que tenemos en nosotros, aunque se reflejen en las situaciones externas, forman parte de nuestro mundo interior. Los límites que más nos oprimen son los que nacen de nosotros.

Es por eso que, para ir más allá de ti mismo, necesitas reconocer qué está sucediendo dentro de ti. Para conectar con nuestro *Valor* es importante abrir camino en nuestras resistencias internas. Siempre a nuestro ritmo y dando respuesta a nuestras necesidades.

En un circuito eléctrico, una resistencia sirve para que no haya una sobrecarga, por lo tanto, es de gran ayuda. En ti pasa lo mismo, tus resistencias tienen una función. Seguramente te ayudan a encontrar el equilibrio y la supervivencia. Aunque en ocasiones son resistencias que ya no nos hacen falta, las seguimos llevando con nosotros por automatismo.

Conocerte mejor, saber estar contigo mismo, iluminar tus sombras, gestionar tus emociones, cambiar tu discurso interno, contemplarte, aceptarte, comprenderte y agradecer quien eres, son ejemplos de la superación vertical. Paradójicamente, cuando logras sumergirte en ti para desarrollar tu mejor versión, esto se ve reflejado en tu vida.

Despliega las alas

Ir más allá de ti puede generarte inquietud, que tengas la sensación de perderte en un concepto e idea que no sabes bien cómo controlar. Y es que, para lograrlo, no hay control posible. Es como si te sitúas delante de un precipicio y saltas. Sabiendo que dentro de ti existen los recursos necesarios para recobrar el vuelo y poder disfrutar de una nueva realidad.

El **primer paso** para lograr expandirte está muy ligado a la contemplación. Observarte es conocerte y cuando te conoces tienes más capacidad de ver qué hay en ti y qué es útil. Muchos de nuestros pensamientos y emociones se generan de manera automática, como ya he compartido antes contigo. Se van sucediendo con la información que hemos recopilado con los años. Por eso el primer paso para ir más allá es a ciegas. Sosteniendo la incertidumbre en la presencia, sabiendo que dentro de ti hay un espacio de paz y que los recursos, como de una caja de herramientas que llevas contigo, aparecerán en el momento justo. Siempre y cuando lo que hagas esté alineado contigo, con tus necesidades, valores, propósito y misión.

El **segundo paso** es estar muy atento a todos los cambios que suceden. Por mi experiencia, son cambios profundos, aunque imperceptibles a primera vista; solo llegado el momento te das cuenta de que algo es diferente. Por ejemplo, cuando una situación antes te generaba un nivel de ansiedad elevado y ahora, ante la misma situación, te sientes tranquilo. El problema puede persistir, pero te das cuenta de que conectando con tu *Valor* la realidad es totalmente distinta, porque tú estás, sientes y actúas de manera diferente.

Importante. Los cambios se suceden. Esto quiere decir que, mientras tu energía está centrada en descubrir lo nuevo que hay en ti, a través de la atención y el silencio, hay una sabiduría intrapersonal, en segundo plano, que va haciendo realidad tu transformación. Sé que te puede parecer algo extraño. Si no lo hago yo quién lo hace, te puedes preguntar. Si te ayuda, piensa que lo haces tú en una versión de ti más poderosa, sabia y bella. Una evolución de ti mismo que, por otra parte, ya estaba ahí, aunque tú no te dieras cuenta.

El **tercer paso** está conectado con el reconocimiento. Creerte lo que estás viendo, sintiendo y pensando. Abre la puerta al cambio con la convicción de que lo que era una posibilidad ahora se ha convertido en una realidad. Tus nuevos recursos y hábitos son poderosos. Es momento de dejar atrás la vieja estructura para ofrecer atención a la nueva. Como si un gusano que ahora es mariposa se dejara fascinar por su nuevo aspecto. Incorporando cada cambio. Experimentado en todas las situaciones que se presentan cómo funciona el nuevo mecanismo.

Tu mejor versión

Ahora ya no necesitas ir más allá de ti, sino que ya estás en Ti. Puedes ir retroalimentando y compartiendo tu versión más auténtica y saludable con los demás en cada situación de tu vida. Que, por cierto, por si acaso lo estás pensando, no estará libre de conflictos, tensión y malestar. Pero sí estará llena de sentido para ti, dando la mejor respuesta en cada momento.

Respira…

> “Siente la capacidad que hay en ti, incorpora todo lo que ya has leído. Siente que formas parte del proceso de la vida y la consciencia. En tu naturaleza está la expansión y la contracción; ahora es momento de lograr superar los límites y las resistencias que hay en ti para tener la libertad de elegir cómo quieres vivir.”

Es momento de comprender y dejar de competir. No se trata de superar a los demás, ni considerarte el mejor o crear una escala de comparaciones. Es conectar con la honestidad y la autenticidad para compartir aquello que sientes.

Ir más allá de ti es actuar de manera más poderosa, eficiente y eficaz. No se trata de acumular o tener más, sino de que sientas tu necesidad. El menos es más en muchas ocasiones.

Crea nuevas realidades que te ayuden a dar el paso siguiente en la dirección correcta para ti. Para seguir disfrutando de la vida, para encontrar la motivación y la ilusión de crecer, de aprender, explorar y curiosear.

A mí la superación me acompaña para seguir enfocándome en sentirme pleno, ser compasivo, comprender a las personas, servirles de ayuda…

Para acabar este capítulo, quiero compartir contigo un recurso que comprende tanto la superación vertical como horizontal. Joe Dispenza –neurocientífico, biólogo y doctor en quiropráctica– explica, en su libro "Sobrenatural. Gente corriente haciendo cosas extraordinarias", los efectos de la meditación en nuestro cuerpo, mente y energía. Comparte, a través de diferentes estudios y experimentos científicos, los resultados y la influencia de la práctica meditativa en los campos electromagnéticos del ser humano, incidiendo en cómo podemos intervenir en nuestra mente y emoción a través de las visualizaciones conectadas con frecuencias vibracionales altas que logramos en la meditación.

Te propongo que, en la práctica meditativa, en C.A.S.A. e inmerso en el silencio, proyectes ese tú que está más allá de la persona que eres ahora mismo. Visualiza la persona que intuyes que eres en tu mejor versión. Reconociendo aquellas habilidades y capacidades poderosas que están en ti, y que forman parte de tu cambio, superación y transformación. Reconoce tu *Valor*.

¿Qué te dice tu yo más completo?

¿Qué sientes en tu mejor versión?

¿Qué energía transmites cuando eres consciente de tu Valor?

Conecta con creencias poderosas a través de afirmaciones positivas, recitándolas continuamente en tu mente como si fueran un mantra.

Creo en mí.

Confío en mí.

Merezco sentirme bien.

Me acepto.

Me entrego a la vida.

Estoy al servicio de mi Valor.

Tengo los recursos que necesito.

Soy poderoso.

Soy sabio.

Soy bello.

Agradece aquello que estás siendo en este momento y lo que serás en un futuro. Sumérgete en las emociones de amor, plenitud, gozo, serenidad, paz... que sientes cuando sabes que estás ofreciendo lo más auténtico de ti.

Y sé consciente de la energía que desprendes con este estado personal.

Percibe cómo el caudal de energía nace en ti y se expande más allá, inundando a todas aquellas personas con las que te relacionas y todos aquellos lugares en los que convives.

Esta práctica te ayuda, por un lado, a elevar tu frecuencia vibratoria. Pasar de las ondas Beta –altas, medias y bajas– que tenemos en el estadio de vigilia, a las ondas Alfa, Zeta o Delta que aparecen cuando estás enfocado en tu interioridad, pudiendo alcanzar estados de supra consciencia. Y, por otro lado, a generar el hábito de comportarte, pensar y sentir como si ya estuvieras más allá de ti, superando las creencias, emociones y energía de tu antiguo yo.

14

TE VEO

Tu único propósito es ser tú mismo,
de lo contrario privas al universo
de quien has venido a ser.

—Anita Moorjani

Has recorrido gran parte del camino para reconocer tu *Valor.*

Has depositado la atención en tu personalidad para poderte aclarar, purificar y hacer transparente todo el poder y sabiduría que atesoras en ti.

A través de tu mente y tus emociones, has abierto la puerta a la luz para iluminar las sombras, atravesando las estructuras personales para verte más allá. Sintiendo que eres más de lo que crees y que puedes conectar con lo permanente que hay en ti, con aquella parte esencial, natural y auténtica que te acompaña desde que naciste, quién sabe si también antes, hasta que llegue el momento de partir de nuevo.

Y recorriendo los últimos pasos, has practicado y entrenado en el silencio, estando en C.A.S.A., para estar en paz contigo mismo.

Este es un camino cíclico, en espiral, que va cambiando sus trazos, sus recorridos, sus intensidades y sus ambientes en cada ocasión que lo transitas. Aunque en el fondo siempre estás en el mismo lugar: en ti. La vida se expresa a través de ti y, por tanto, todas las formas te representan. No hay una separación entre tú y la vida, entre tú y los obstáculos, entre tú y el desarrollo humano.

La vida se expresa salvaje, incierta y provocativa, porque en tu naturaleza reside esa característica. Desafiamos nuestra existencia, de nuestra vulnerabilidad extraemos nuestro máximo potencial. A lo incierto del tiempo, pasado, presente y futuro, le damos un sentido, la individualidad con la que llegamos al mundo la transformamos en sociedad, familia y tribu. Eres un ser humano y por ello tu *Valor* reside en la aventura, en el cambio y la superación, en estar presente en el movimiento continuo.

Reconocimiento

No te preocupes si en el camino a reconocer tu *Valor* sientes que te pierdes. Si crees que no estás donde deberías o si estás teniendo una actitud y un comportamiento que no están alineados con el mensaje que aquí te transmito. No importa, de verdad, porque sigues teniendo el mismo *Valor*, poder, sabiduría y belleza. Que no lo puedas ver no significa que no esté en ti; simplemente, necesitarás un poco más de tiempo para continuar o volver a empezar. No como un castigo, sino como una nueva oportunidad.

Cada paso que das es una puerta abierta que podrás atravesar para reencontrarte con todo lo que tú eres. Limpiarás el cristal de tu personalidad y reconocerás tu poder, sabiduría y belleza como el mejor recurso y sostén para seguir recorriendo tu vida.

Es importante que cuando te mires, te veas. Me gusta hacer una diferencia entre mirar y ver; la película de Avatar nos ayuda a ello. Mirar es poner tu atención en algo; es un acto meramente físico y biológico. Te miras al espejo. Miras el atardecer. Miras a tus hijos, a tus padres, a tu pareja. Miras la vida pasar.

Ver va más allá. Conlleva un reconocimiento de la naturaleza de lo que estás mirando. Verte es reconocer quién y qué estás siendo, reconocer la belleza del atardecer y de la vida, reconocer el apoyo y el acompañamiento de las personas que forman tu familia o tu tribu. Ver está conectado con el *Valor* de aquello con lo que estás interactuando. Y si enfocamos nuestra atención en el *Valor* de ser humano, tu *Valor,* te darás cuenta de que más allá de tus circunstancias siempre puedes mantenerte anclado a aquello que sabes que te empodera.

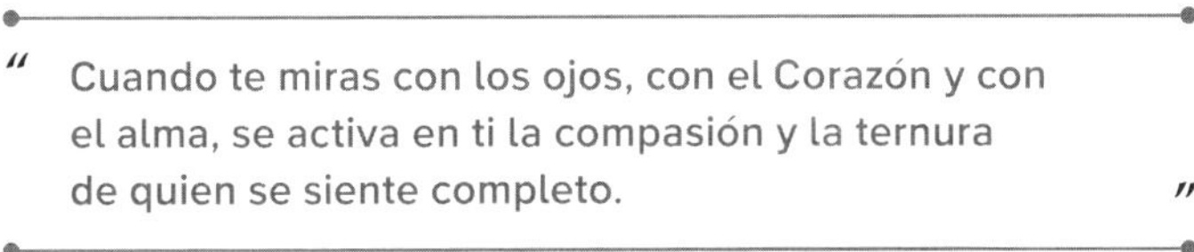

"Cuando te miras con los ojos, con el Corazón y con el alma, se activa en ti la compasión y la ternura de quien se siente completo."

Sin necesidad de menospreciarse por no conseguir un objetivo, un deseo o un sueño. Verte es semilla y fruto del estar en paz. Es aflojar las cuerdas de la exigencia para poder respirar mejor. Escucharte, prestarte una atención de calidad, para saber qué necesitas a cada momento.

Estamos acostumbrados a mirar, para después inmediatamente juzgar, responder y hacer. Es el hábito que hemos generado personal y socialmente.

En el ver está la pausa, el sentir, el contemplar... Es una nueva manera de relacionarte contigo. El ver es el arte de los niños cuando están conectados a la inocencia de los primeros pasos en la vida, cuando la curiosidad está presente de manera amplificada. No hay una construcción mental, existe una conexión directa con aquello que cruza nuestra atención. Es saberse parte esencial. Observador y observado en comunión.

Cuando tú te ves, ganas en confianza, seguridad y estima, porque te das cuenta de lo que vive en tu interior. Resiliencia, compasión, bondad, creatividad, responsabilidad, espíritu crítico, asertividad, ternura, valentía, coraje, superación, etc. Todas aquellas habilidades y capacidades que tú después puedes poner en juego, de una manera saludable o no, en tu vida.

El Valor de influir

Cuando nos conocimos, hace unas cuantas palabras, escribí esto: "Tal vez no nos conocemos, vivimos a kilómetros de distancia, nunca hemos cruzado una mirada, no conozco tu nombre, ni a qué te dedicas, cuál es tu familia, tu profesión, tu pasión, tus proyectos o tus objetivos. No sé nada de eso y aun así estoy seguro de que albergas un gran *Valor* en ti".

Lo hacía porque confío en ti. Sabía que ibas a recorrer este camino conmigo y que te ibas a dar la oportunidad de creer en ti mismo.

Una de mis habilidades más naturales (lo sé porque me lo han compartido muchas personas a las cuales tengo en gran consideración) es ver el potencial en las personas que acompaño. No sé cómo lo hago, por eso digo que es natural. En la gran mayoría de ocasiones, cuando tengo a alguien ante mí, en las sesiones de coaching, en las charlas y conferencias o en los talleres, puedo ver su poder, sabiduría y belleza. Aunque la persona no lo perciba en sí misma, yo sí.

Y me resulta curioso, porque para ver mi *Valor* necesité que las personas de mi alrededor me lo reconocieran y me lo hicieran saber.

Imagino que aquello de "En casa del herrero, cuchillo de palo" se cumple a rajatabla, en mi caso. Por suerte, aquello ya quedó en otro momento de mi vida. Hoy, cada vez más, siento una gran confianza en mí. Comprendo que mi dedicación en esta vida –acompañar y comunicar– es una capacidad que quiero y siento la responsabilidad de compartirla.

Ahora, sería maravilloso que ese paso del no creer al reconocer el *Valor* de ser humano lo dieras tú. Hay personas que están esperando tu transformación, aunque ni tú ni ellas lo sepáis. Estás destinado a influir en la vida de los demás. En la relación que tienes con todas las personas con las que te cruzas, sea cual sea su forma. Si tú te atreves y das el paso para reconocer tu *Valor*, irremediablemente vas a transmitir ese cambio a tu entorno, a la sociedad y al mundo. De manera consciente o inconsciente, los demás, al relacionarse contigo, también van a sentir el permiso para reconocerse y dar lo mejor de sí mismos.

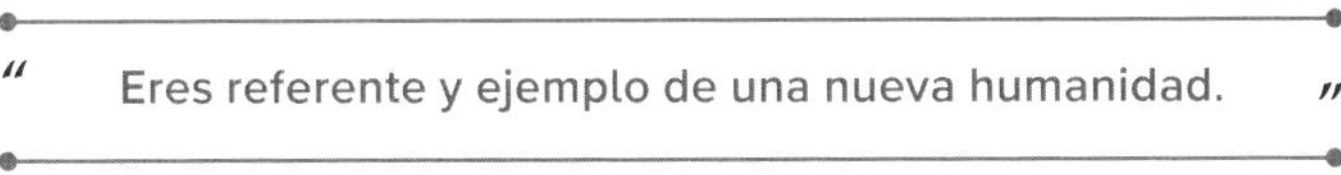

Como sociedad, necesitamos que el *Valor* de ser humano esté presente cada vez más. Que empieces a vivir desarrollando todo el poder, sabiduría y belleza que eres capaz de experimentar para estar en paz.

Cuando más perdido me sentía, aquellas personas que reconocieron su valía fueron las que me guiaron. Aquellos referentes que me daban oxígeno y alas para volar. Para despegar de la inseguridad, de la tristeza, de la ansiedad… y aterrizar en la confianza, la seguridad y la estima. Sus vidas eran las luces en mi pista de aterrizaje. Y todos ellos, como yo, habían vivido en la penumbra, en la parte oscura de la vida. Algunos por su entorno y por circunstancias de vida adversas. Otros porque la guerra se había generado en su interior.

No todos mis referentes han escrito libros, hacen conferencias o se dedican a acompañar personas en su desarrollo personal. Alguno me lo encontré en el camino, nunca mejor dicho. En el Camino de Santiago. El 2014 fue un punto de inflexión en mi vida. Me aventuré a recorrer en solitario el Camino Primitivo, el primero de otros tantos que he realizado. Fue una decisión fácil y determinada. Lo necesitaba.

En la segunda etapa, me encontré con un hombre vasco de larga edad.

Transgresor, simpático, acogedor, fresco, creativo, lúcido, que se mostraba tal y como era, sin colorantes ni conservantes. Una persona que por lo que transmitía y lo que ofrecía no podía dejar de admirarla.

Su presencia y su bondad fueron el impulso para cambiar el rumbo de mi vida. Me hizo una pregunta que resonó en mí de tal manera que me di cuenta de la verdad. Doy gracias a la vida por el regalo. De alguna manera, ya me habían anunciado que nos conoceríamos antes de que sucediera. Fue en una sesión de terapia donde el profesional, con dotes de visionar el futuro, me dijo que iba a conocer a una persona mayor que yo, con la cual entablaría una gran relación, y que iba a cambiar mi dirección vital.

Hoy en día, seguimos compartiendo rutas por las montañas del País Vasco, conversaciones de toda índole y comidas exquisitas. Nuestra amistad es infinita y me enseña tanto que no se lo podré devolver. Bittor, mi aitona. Yo lo vi, y él me vio antes que yo.

Seguro que tú también tienes esa o esas personas que para ti son guías, modelos y referentes que te sirven de boya en los días de marejada. Admirables por quién y cómo son.

Vamos con un recurso:

Te propongo que describas en cuatro o cinco líneas cómo es esa persona que admiras. Céntrate en su manera de ser y estar; no interesa tanto, para este recurso, a qué se dedica, si tiene mucho o poco dinero, dónde vive o cuáles son sus hobbies.

Una vez tengas la descripción redactada, quiero que la leas muy atentamente.

Cuando hayas hecho la primera lectura, te pido que la leas de nuevo, pero en vez de hacerlo en tercera persona, hazlo en primera persona.

Es decir, cambia el pronombre de la tercera persona del singular por el pronombre de la primera persona del singular.

Lee las mismas frases diciendo "Yo soy...", en vez de "Él o ella es...".

¿Qué sucede?

¿Te identificas con tu descripción?

¿Cómo te sientes ahora?

¿Ha cambiado algo tu perspectiva sobre ti?

Te diré un secreto. Aquello que tú ves en ellos es, ni más ni menos, el reflejo de lo que tú eres. Únicamente puedes ver aquello que, de alguna manera, consciente o inconsciente, reconoces en ti.

Si nunca has visto un ornitorrinco, ¿cómo vas a reconocerlo si lo ves en Australia?

Nuestro mayor miedo

Aquello que has visto en ti y que forma parte de tu *Valor*, aunque sean destellos, es aquello que seguirás viendo en los demás.

Aquí podríamos entrar en si hay diferencia entre la profundidad de tus capacidades y las de la otra persona. Pero eso lo dejamos para otro libro.

Así que, por favor, date el permiso para verte. Para ir más allá de lo que ahora miras. Reconócete, te lo mereces. Si quieres tener una vida plena y estar en paz, más allá de las circunstancias vitales y de las cartas que te toquen jugar, es imprescindible.

Mírate al espejo, recuerda tu vida y dale volumen a todos aquellos momentos en los que tú sabes que estabas siendo auténtico. No importa si fueron alegrías o tristezas, éxitos o fracasos. El *Valor* está siempre presente. No te garantiza cumplir todos tus deseos, pero seguro que sí te asegura vivir una vida con sentido.

Quiero compartir contigo un poema. Es posible que ya lo hayas leído o escuchado. No es nuevo, ni tampoco de mi propia cosecha, pero es el reflejo de mi visión. Habla del *Valor* de ser humano, de nuestro desarrollo y de nuestro potencial. Habla del mundo, de la humanidad y de nuestra evolución. Lo recitó Nelson Mandela en su investidura y nos lo regaló Marianne Williamson con su amor:

Nuestro miedo más profundo no es el de ser inapropiados.
Nuestro miedo más profundo es el de ser poderosos
más allá de toda medida.
Es nuestra luz, no nuestra oscuridad, lo que nos asusta.
Nos preguntamos: ¿Quién soy yo para ser brillante,
precioso, talentoso y fabuloso?
Más bien, la pregunta es: ¿Quién eres tú para no serlo?
Eres hijo del universo.
No hay nada iluminador en encogerte para que otras
personas cerca de ti no se sientan inseguras.
Nacemos para poner de manifiesto la gloria del universo
que está dentro de nosotros, como lo hacen los niños.
Has nacido para manifestar la gloria divina que existe
en nuestro interior.
No está solamente en algunos de nosotros: Está dentro
de todos y cada uno.
Y mientras dejamos lucir nuestra propia luz,
inconscientemente damos permiso
a otras personas para hacer lo mismo.
Y al liberarnos de nuestro miedo, nuestra presencia
automáticamente libera a los demás.

Así es. Te veo.

15

LA NUEVA REALIDAD

Vivir la vida y aceptar el reto,
recuperar la risa, ensayar el canto,
bajar la guardia y extender las manos,
desplegar las alas e intentar de nuevo,
celebrar la vida y retomar los cielos.

—Mario Benedetti

Todo pasa y todo queda, como dice Antonio Machado.

Escribo contigo las últimas palabras de este viaje compartido. La aventura de reconocer todo lo que vales, de creer y confiar en ti; desarrollando tus habilidades y capacidades para lograr una vida saludable, feliz y en paz.

Todo pasa, porque el tiempo en esta vida es finito. El inicio y el final son dos manos que danzan y nunca se sueltan; bailan el vals de la vida. Esta vida, la tuya, en que todas las posibilidades están en juego. Todo pasa, porque si creemos en nosotros, si confiamos en nuestro poder, sabiduría y belleza, nuestra capacidad creadora es infinita. A imagen y semejanza de la consciencia y de la energía, de Dios.

Todo pasa, porque eres capaz de vivir innumerables experiencias en la vida, de todos los colores e intensidades, y de todas ellas extraer el sentido que te permite avanzar.

Y todo queda. Porque el camino siempre avanza hacia ti, a la profundidad de lo que eres, para después expandir tu *Valor* hacia la vida, siendo tu reflejo. Todo queda, porque aquello que vives es huella de tus pasos, sabiduría para seguir caminando en la dirección correcta para ti.

> "Entre lo que pasa y lo que queda hay una vida entera."

Una experiencia sin igual, original, auténtica, en la cual todo tiene su lugar. Cada momento, cada pensamiento, emoción, acción y decisión es una puntada en el tapiz de tu existencia.

Es importante para que ese tapiz se despliegue permitirte ahondar en el presente. No hay camino erróneo. Ni decisión mal tomada. Porque el bien o mal será un juicio que solo podrás emitir cuando veas la obra completa. Cuando el tapiz esté finalizado. Entonces, en ese momento, con la perspectiva ampliada, tal vez te des cuenta de que todo estaba bien y que lo que has vivido, tu desarrollo personal y tu crecimiento, han tenido un propósito mayor.

El momento es ahora

Estás en el momento exacto. Porque dime, ahora mismo, ¿puedes elegir otro momento diferente a este? Tal vez en un segundo, unos minutos o unas horas haya un cambio, pero ahora únicamente puedes estar aquí, leyendo. Dándote cuenta de que en la fugacidad del tiempo hay algo permanente, tu presencia. Aquel estado de silencio interno donde puedes darte cuenta de todo lo que sucede a tu alrededor. Como si aquello que vives estuviera proyectado en una pantalla y tú fueras el observador, quien está viendo lo que acontece dentro del espacio en blanco.

Somos expertos en intentar que todo sea tal y como deseamos. Me viene a la mente un mago que intenta deshacerse de la camisa de fuerza que lo oprime en el tiempo breve que dura su actuación, para que después todos aplaudan y se maravillen de su capacidad.

Porque más allá de la magia que podamos realizar en nuestra vida, que la hay, vivimos inquietos, incómodos, inseguros... porque sentimos que algo nos oprime. Aunque, verdaderamente, no luchamos contra una camisa de fuerza, sino que lo hacemos contra nosotros mismos. Nos cuesta reconocernos, valorar aquello que somos y que logramos, porque siempre podemos hacer algo más, o diferente, que nos hará más felices.

En mi caso, me he peleado muchas veces conmigo mismo, he intentado mejorarme incansablemente, cambiar todo aquello que parecía anómalo o que no consideraba aceptable, bueno o excelente. He intentado acelerar las situaciones y los procesos en los que he estado inmerso. «Porque el tiempo pasa rápido», me decía. Forzando situaciones para no prestar atención a la inseguridad y al miedo de no saber cuál sería el siguiente paso que iba a dar, o qué iba a suceder en mi vida a la vuelta de la esquina.

Me he comparado dejándome en un mal o buen lugar, teniendo como objetivo una imagen de perfección. Hecho por el cual me he desgastado, deambulando como un muerto viviente, enfocando el cambio únicamente a lo externo y material. Con la falsa creencia de que conseguirlo me iba a brindar los mejores sentimientos, acercándome el ansiado bienestar. Pero igual que yo, en el proceso de reconocer tu *Valor*, estás trabajando para invertir tu energía en saborear por ti mismo cuál es el verdadero bienestar, haciéndolo realidad.

Ser lo que eres

Te necesitas. Necesitas amarte, aceptarte y comprenderte. Desarrollar tus capacidades y habilidades. Conocerte, saber más de ti. Hay un sentimiento natural de evolución y crecimiento que forma parte de tu instinto como ser humano.

Vas a lograr ser la persona que necesitas ser, fuera de las convenciones y de las miradas externas. Reconocer tu *Valor* es el sustrato para que las nuevas semillas que has sembrado en tu cuerpo, emoción, mente y energía crezcan y se desarrollen con todo su potencial. Y comprenderás que los verbos necesitar y querer, en el fondo, son lo mismo. Lo que añoras es sentirte en paz contigo. Sentirte pleno.

> “La plenitud es sencilla y simple. Está vacía de pareceres. Es honesta y humilde. No demuestra, sino que muestra todo lo que hay, ni más, ni menos.”

Por eso, la camisa de fuerza del mago ya no es para ti. No tiene sentido que sigas en la pelea. Porque cuando te relajas las cuerdas se aflojan y te das cuenta de que no necesitas nada más. Eres eficiente y eficaz. Sabes que la presión que puedas sentir solo será útil si la utilizas a tu favor, si aprovechas tu energía para transformarla y transformarte.

Seguro que, gracias a la intención e implicación que has depositado en este libro, ahora percibes la vida de otra manera, porque has cambiado el campo de juego. Aunque las pantallas puedan parecer las mismas de antes, ahora vives más alineado con tu *Valor*. Por eso, es muy probable que empieces a darte cuenta de las sincronicidades que conectan tu vida con un propósito mayor. Obteniendo información, a modo de intuición, percepción o sentimiento, que solo podrás ver con los ojos de tu nuevo yo.

Recuerdo, en mi adolescencia, juventud y adultez temprana, maldecir mi vida. Cabrearme y preguntarme por qué me pasaba a mí. Por qué mis amigos y conocidos podían vivir una vida normal y a mí me costaba ponerme en marcha cada día. Cuando lo hacía, era una carrera de resistencia para llegar a casa y volver a sentirme seguro. Dejar de hacer lo mismo que hacían la gran mayoría de las personas de mi alrededor era una condena que intentaba disimular. Los pensamientos obsesivos, la ansiedad y los ataques de pánico eran los clavos que me mantenían adherido a la zona de seguridad sin ni siquiera sentirme capaz de alejarme ni unos metros de lo que yo podía controlar.

En aquel momento no comprendía que aquello formaba parte de mi camino. El malestar me hacía pensar que estaba todo mal. Pensaba que no estaba haciendo lo que debía, que era débil, peor, y por eso me sucedía. No me daba cuenta de que estaba siendo el motivo por el cual me estaba conociendo; desarrollando habilidades como la empatía, la paciencia, la resiliencia y la compasión.

Hoy en día, me siento agradecido por haber vivido aquellos capítulos de mi historia. Me doy cuenta de que del barro en el cual me hundía creé una misión. Dar sentido a mi experiencia personal me ayudó a aprovechar todo lo que sucedía, encauzándolo en la dirección hacia mi *Valor*.

El cambio social

En este momento, mientras escribo estas líneas, puedo percibir con claridad cómo todo lo que yo he vivido y, también, lo que tú has vivido, no es una vivencia únicamente personal, sino del mundo. Porque cada comprensión y transformación nuestra cambia el mundo. Cambias tú y cambio yo. Porque mostrar tu *Valor* es una oportunidad para que todas las personas con las que te relacionas reconozcan el suyo, y eso ¡es un cambio social! El bienestar que conquistemos pertenecerá a cada ser vivo que habita en este mundo.

Abre tu atención, disfruta de la belleza que te rodea. La belleza en el éxito y el fracaso, en la sonrisa de un niño, en el movimiento de un árbol, en la fidelidad de tu mascota, en el servicio de tus padres, en tu esfuerzo, en la tristeza, en la felicidad… la belleza que hay en ti y en el camino recorrido. Permanece vívido ante todo lo que te ofrece la vida, porque tú eres la vida. Acoge las oportunidades para conectar con tu interioridad, date el permiso de dejar que el mundo siga girando mientras tú estás en calma.

> " No estás solo. Somos un equipo en el cual todos aportamos lo que podemos dar. "

Sé ejemplo de lo que te gusta ver en el mundo. En muchas ocasiones, he defendido a capa y espada esta actitud ante gente que, sin conectar con su *Valor*, muestra la parte más egoísta y perturbadora del ser humano. Eso no significa que tengas que devolverle la misma moneda. Muestra valentía siendo tú mismo. Ofrece a los demás la mejor versión que puedas dar en ese momento, alineado con tu propósito. Recuerda, estás viendo y percibiendo información que el otro, por ahora, no es capaz de detectar. El odio y el rencor son emociones que dinamitan a las personas. Son de ida y vuelta porque afectan a cualquier persona por igual, a quien lo padece y a quien lo recibe.

Cambia las reglas del juego, pon límites, amor y compasión ante aquello que no te agrada. Recuerda que cada uno recorre su camino en el tiempo indicado. Encontrándose en el momento perfecto para él.

De hecho, la vida es perfecta tal y como es. Entendiendo la vida como la energía y la consciencia que nos brinda la capacidad de que podamos intervenir en ella. Cuando conectas con tu *Valor* comprendes que la única justicia que podemos reclamar es la de aprovechar al máximo esta oportunidad. Que, por otro lado, tarde o temprano acabará. Al menos, tal como la conocemos.

Transmite tu mensaje

¿Qué te hará estar en paz en el último suspiro de vida? Yo, lo tengo claro.

Hace unos 5 años, estuve de retiro en el monasterio de Montserrat con los monjes benedictinos, compartiendo estancia con Oriol, compañero y amigo.

Los dos llegamos allí con la esperanza de desarrollar un proyecto que generara un cambio en las personas y en la sociedad. El objetivo era claro: transmitir el poder que otorga mostrar la mejor versión de cada uno, activando capacidades y habilidades personales para ofrecerlas a la humanidad. En ese momento, estábamos preparando unas conferencias para dar el pistoletazo de salida a nuestra creación.

Personalmente, estaba en el retiro con la intención de aclarar cuál era el mensaje que quería transmitir en mi conferencia. El cual iba encaminado hacia el empoderamiento y la espiritualidad. Siempre me he sentido muy cerca de lo transpersonal.

Durante nuestra estancia en el monasterio, escribí, medité y tuve charlas muy inspiradoras con Oriol y con los monjes. También me inspiré con alguna que otra experiencia extrasensorial, todo sea dicho.

En uno de los últimos días, lo recuerdo como si estuviera sucediendo ahora, aún se me eriza el vello, estábamos desayunando con Luis, uno de los monjes. Le explicábamos nuestro proyecto mientras él nos explicaba sus labores dentro y fuera del monasterio. En un momento de la conversación, yo compartía que lo que hace que las personas estemos en conflicto, que no creamos en nosotros, que estemos en una eterna competición con los demás, que nos demos amor propio a cuentagotas y que desconfiemos de la vida y sus intenciones es, justamente, que hemos dejado de sentir nuestro *Valor* como seres humanos. Y Oriol me dijo: ¿Qué? Y yo le respondí: Que si reconociéramos nuestro *Valor* podríamos cambiar la realidad. Justo ahí, en ese momento, descubrí y me di cuenta de cuál era mi propósito. El mensaje que quiero transmitir al mundo. El mismo que he compartido contigo en este libro para que no necesites vivir desde la limitación y la resistencia. Porque es muy probable, que este dúo ya haya hecho su función en ti. Si no, te aseguro que no le hubieras encontrado ningún sentido a este libro ni a mi mensaje.

Por eso, si has llegado hasta aquí, es porque estás alineado conmigo.

Por lo tanto:

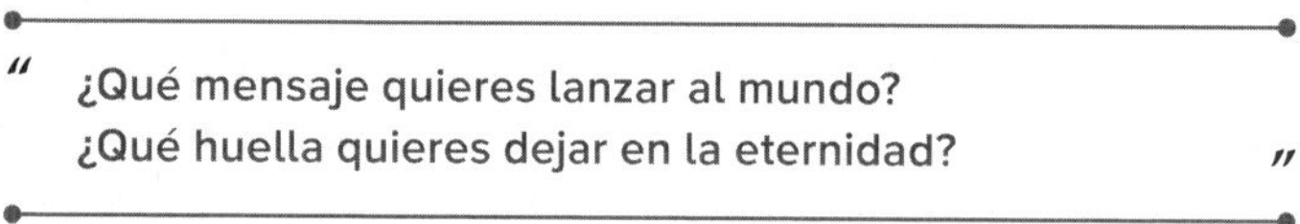

" ¿Qué mensaje quieres lanzar al mundo?
¿Qué huella quieres dejar en la eternidad? "

Eres muy importante para mí y para todas las personas, porque tu decisión cambiará el rumbo de aquellos con los que te cruces. Yo, por supuesto, confío en ti. Igual que confío en todas las personas que acompaño. Sé que nuestro *Valor,* como un tesoro, está esperando a ser descubierto. Porque no hay que buscarlo, sino desvelarlo. No necesitas hacer nada extraordinario, simplemente recuperar tu esencia.

¡Atrévete a sumergirte en tu personalidad para transmutarla y descubrir el oro que se halla en ella!

Es el camino más importante que recorrerás en tu vida. Porque de todos los que emprendas, este es el más esencial; de él dependen todos los demás.

Quiero recordarte y enfatizar que eres imprescindible en este cambio de rumbo del ser humano. Quiero pedirte que tu compromiso sea firme para ofrecerte y estar al servicio de nuestro *Valor.* Y, por último, agradecerte que formes parte de la misma vida que yo y que seas integrante del mismo equipo.

16

AHORA TE TOCA A TI

Bienaventurados los que no vieron, y creyeron.

—Jesús de Nazaret (Jn 20-29)

Camino de transformación

Eran las once de la mañana del viernes 26 de septiembre de 2014. Hacía un día soleado, y aunque el resplandor del astro rey ofrecía calidez, la temperatura era baja. A cada paso que daba, las partículas de tierra se suspendían creando una nube de polvo que se posaba en mis zapatillas, mi ropa y mi mochila. Me acompañaban Bittor, mi aitona, y Almudena, amiga y compañera de aventuras. Caminábamos en silencio, cada uno consigo mismo, cuando alcé la mirada y allí estaba. Nuestro destino. Mi objetivo. Vislumbré en el horizonte las dos torres principales de la catedral de Santiago de Compostela. Habíamos llegado a Monte do Gozo. Estaba a 4,8 kilómetros de acabar mi primer Camino de Santiago.

En ese momento, recuerdo sentirme entusiasmado, nostálgico, aliviado y feliz, muy feliz. De hecho, fui llorando todo el tramo hasta llegar a la plaza del Obradoiro, incapaz de contener todo lo que sentía.

Desde que salí de casa con dirección al aeropuerto del Prat de Llobregat para volar a Oviedo, hasta llegar a Santiago, enfrenté cara a cara a mis temores. Al miedo que sentía de estar solo, de no ser capaz de lograrlo, de la ansiedad que me producía la incertidumbre, de los pensamientos obsesivos que solo proyectaban catástrofes, de mi baja autoestima y de la ínfima confianza que tenía en mí mismo.

Por todo ello, cuando llegamos a la catedral, fui consciente de que para mí no había sido un simple camino, sino una transformación personal.

En cada etapa, había vivido experiencias que habían desmontado mi armadura oxidada y me habían ayudado a vaciar mi mochila de aquel peso que ya no me aportaba nada, de aquellas limitaciones y resistencias que pertenecían al pasado y que no me permitían reconocer mi *Valor*. Podría decir que en ese camino limpié mi personalidad para alinearme con quien soy, convirtiéndose en el nuevo punto de inicio para recuperar la confianza en mí. Reconociendo mis capacidades y habilidades, sabiendo que soy capaz de lograr muchas más cosas de las que creía, que soy valioso y que puedo ofrecerme a los demás para ayudarles en su camino de crecimiento, cambio y transformación.

En este libro también te he ofrecido un camino, el de reconocer tu *Valor*. Estoy seguro de que, en cada capítulo, como si fueran etapas, has experimentado diferentes estados mentales y emocionales. Algunos que te han generado dudas, miedos, quejas y resistencias; otros con los que has disfrutado, afianzando tu seguridad, confianza y bienestar. Siempre con la intención y la convicción de llegar hasta la última página, integrando cada práctica, reflexión y metáfora, para darte la oportunidad de creer en ti. Por eso, ahora que has llegado al final del libro, deseo que también haya sido un camino de transformación para ti. Y que sea un nuevo punto de inicio para seguir invirtiendo tiempo y energía en el desarrollo de tu potencial.

Sigue explorando cada palmo de tu personalidad, sé curioso, cuestiona todo aquello que no resuene con tu yo actual y atrévete a trascender los límites. Ofrécete una actitud de apertura, abriendo tu mente, tu corazón y tus manos para recibir los regalos y tesoros que nos brindan las experiencias; y disfruta del privilegio de estar vivo.

Eres una bendición. Hay personas que necesitan tu presencia para desbloquear sus sombras; no les prives del derecho que tienen a reconocer quiénes son a través de ti. Crea una nueva realidad que te haga feliz y que acoja a todo ser vivo desde la bondad y la paz interna.

> “¿Crees que es casualidad que de todos los lugares y personas que hay en el mundo estés donde estás ahora mismo?”

Todo tiene un sentido mayor. Ponte al servicio y acoge lo que está destinado para ti. Tal vez no sean grandes hazañas, cosas que en esta sociedad se consideran importantes, pero sí que estoy seguro de que todos venimos a ofrecer lo esencial, que es mucho más determinante y primordial para *la bendita normalidad*. Aquello que hace de nuestra vida algo maravilloso. Lo que necesitamos de verdad. Sentir la calidez, el amor, la bondad, la empatía y la compasión humana. La luz de nuestra naturaleza.

Un mensaje vivo

Desde hace un tiempo, he sentido la invitación de la vida, a través de personas cercanas, para escribir este libro y compartir mis aprendizajes. De una forma responsable, con el propósito de ayudarte y acompañarte en el reconocimiento de tus recursos personales.

En mi vida, he creado un vínculo muy estrecho y especial con algunas de las obras que he leído. Su mensaje me ha acompañado en mi crecimiento, ayudándome a obtener diferentes conocimientos y perspectivas, ofreciéndome palabras desafiantes, compasivas, comprensivas y reconfortantes. Regalos que han llegado a mis manos como semillas de autorrealización y paz.

De igual forma, escribiendo, doy parte de lo recibido. Si bien, para continuar con esta misión, quiero pedirte un favor:

> "Los libros perduran en el tiempo, aunque su contenido es efímero. Tiene la necesidad de ser renovado a cada instante para seguir vivo. Por favor, una vez leído, acoge este libro como algo tuyo. Imprégnalo con tus ideas, con tus acuerdos y desacuerdos, con tus sentimientos, con tus habilidades, con todo lo que eres.
>
> Transfórmalo, recréalo, hazlo crecer. Que mi objetivo de inspirarte sea motivo para tu propia creación. Para hacerlo, comprenderlo y transmitirlo con tus palabras, a tu manera. Confío plenamente en ti."

Ahora, que ya has llegado al final, pasas a ser embajador del *Valor* de ser humano, tu *Valor*.

Gracias por escoger encontrarnos para recorrer juntos esta experiencia de desarrollo personal. Estoy y seguiré estando aquí para lo que necesites.

Te deseo "buen camino".

Hasta pronto.

EPÍLOGO: TOMAR EL MANDO

Conocí a Javi en mi formación "Educar empoderando", enseguida pude comprobar su inquietud, en el sentido bello de la palabra, por conocer mejor y más profundamente el interior del ser humano. Sus preguntas eran las de un gran explorador, sus propuestas tenían el aroma de la creatividad libre. A pesar de su juventud había bebido del amargo néctar del sufrimiento interior, néctar porque lleva en su esencia la dulzura de la sabiduría, dulzura que aparece con el trabajo posterior, y amargo porque el primer sorbo cuesta mucho de tragar. Javi estaba encontrando el sentido a esa amargura, guiado por el mágico brillo de un tesoro que llegaría a llamar el Valor. No era un valor cualquiera, se mostraría más tarde como un valor intrínseco a nuestra naturaleza como seres humanos y que adopta diversas formas según la persona. El Valor que estaba aprendiendo a definir tiene el don de convertirnos en capitanes de nuestra propia vida, es decir, de otorgarnos el poder de tomar el mando en nuestra existencia. Tomar el mando no consiste en poseer un poder que pueda cambiar todas las circunstancias de nuestra vida a nuestro antojo, sino en asumir que hemos de desarrollar nuestra sabiduría de navegantes, de comandantes de una nave, nuestra propia vida, que tiene que navegar por tormentas y vicisitudes que no podemos evitar.

El Valor es justo la fe y la pericia que nos permitirá convertirnos en unos buenos capitanes.

Javi en esta obra no solo comparte generosamente sus experiencias, sino que también nos abre su alma humana, se desnuda ante el lector como todo buen escritor de corazón ha de hacer, consiguiendo así que sus palabras lleven el aroma de lo auténtico. Nos hace sentir el horror de verse atrapado en un pozo de la mente en el que el mundo se cierra ante nosotros, nos revela el drama de convertirnos en víctimas de nuestros propios pensamientos, nos sumerge en la soledad del ahogado en sus propias emociones. Nos muestra lo que es navegar la vida sin saber capitanearla, sin saber defenderse de las tormentas, sin atisbar tierra en la que refugiarse, en definitiva, sin reconocer el Valor de ser humano.

Sin decirlo expresamente el autor nos muestra los déficits educativos que poseemos respecto a todo tipo de autoconocimiento, los años pasados en la escuela no han resuelto nuestro analfabetismo emocional, por eso, Javi se convierte de alguna forma en ese maestro paciente que nos explica lo que quedó fuera de temario. Pero no solo rellena con conocimiento nuestra ignorancia, también nos revela la educación, o deberíamos mejor decir instrucción, negativa que todos hemos recibido, y que nos empuja a dramatizar la vida, a hacer de las tormentas que atravesamos ciclones. Hemos recibido una instrucción, a nivel planetario, que sabotea nuestros intentos de llegar a encontrar el Valor. Por eso, Javi necesita ilustrar sus lecciones contándonos experiencias vividas con sus clientes en la consulta, a través de ellas nos revela los obstáculos que nos impiden ver el brillo de nuestro Valor.

La descripción de cómo va mejorando día a día su definición de silencio nutritivo alcanza su clímax cuando con palabras sencillas nos muestra la utilidad de comer silencio: "El silencio te da la oportunidad de vaciar tu estancia, reorganizarla e incluso descubrir espacios nuevos". El Valor tiene el don de ensanchar la parte habitable de nuestro mundo interior, empleando para ello ese color de su arcoíris de potenciales llamado silencio. Después de leer sus palabras el silencio adquiere para nosotros significados más profundos, revelándonos nutrientes en él que desconocíamos que poseía, y haciéndonos sentir así la necesidad de hacerle formar parte de nuestra dieta diaria.

Una lección esencial que el autor nos da es la del ritmo de la vida, una melodía que marca los momentos adecuados para nuestro cambio de rumbo. Nunca hay que forzar esta melodía, sino todo lo contrario, hay que aprender a escucharla, de hecho, ésta es una cualidad esencial que todo capitán de la vida ha de desarrollar. Javi nos lo deja bien claro cuando nos explica cómo después de dedicar varios años a estudiar "Ciencias de la Actividad Física y del Deporte" decide cambiar de rumbo y dedicarse al desarrollo personal, había descubierto su vocación justo en el momento que el ritmo de su vida le marcó, descubriendo también que forma parte del bello misterio de nuestra existencia esa música de fondo, que marca el momento sincrónico para girar el timón.

Hay unas palabras de nuestro brillante autor que ponen bien de manifiesto que aceptar la capitanía de nuestra vida implica asumir que las aventuras y desventuras de nuestra gran travesía son consustanciales a nuestra naturaleza humana, y que por lo tanto, como aventureros que llevan la aventura en su propio ser, hemos de aprender a vivir todo lo que nos acontece como un reto que nos ha de proporcionar tanto placer como sabiduría y crecimiento: "Eres un ser humano y por ello tu Valor reside en la aventura, en el cambio y la superación". En definitiva, hacernos responsables de comandar la nave de nuestra vida nos convierte en un Indiana Jones, que como tal nos exige dejar atrás todos nuestros victimismos y prepararnos para disfrutar del Valor de ser humanos.

Carlos González
(La Danza de la Vida)

BIBLIOGRAFÍA

A continuación, te comparto algunas de las lecturas que me han acompañado en el camino y que han sido fuente de inspiración para crear el contenido expuesto en este libro. Deseo que sean semillas de crecimiento y bienestar también para ti:

Bisquerra, R. (2010) *Psicopedagogía de las emociones.* Editorial Síntesis.

Csikszentmihalyi, M. (2014). *Fluir (flow): Una psicología de la felicidad* (4ª edición). Editorial Kairós.

Dilts, R. (2004). *Coaching: Herramientas para el cambio.* Ediciones Urano.

Dispenza, J. (2012). *Deja de ser tú: La mente crea la realidad* (27ª edición). Urano.

Dispenza, J. (2018). *Sobrenatural: Gente corriente haciendo cosas extraordinarias* (9ª edición). Urano.

D'Ors, P. (2020). *Biografía del silencio: Breve ensayo sobre meditación.* Galaxia Gutenberg.

D'Ors, P. (2021). *Biografía de la luz: una lectura mística del evangelio.* Galaxia Gutenberg.

Fernández, J. (2006). *La posada del silencio.* Editor José J. de Olañeta.

Frankl, V. E. (2004). *El hombre en busca de sentido* (10ª edición). Herder & Herder.

González, C. (2019). *Encuentros con tu propia sabiduría: Semillas de sabiduría para nacer a ti mismo.* Desclée De Brouwer.

Lipton, B. (2016) *La biología de la creencia: La liberación del poder de la conciencia, la materia y los milagros* (10ª edición). La esfera de los libros S.L.

López, L., et al. (2013). *Maestros del corazón: Hacia una pedagogía de la interioridad.* Wolters Kluwer España S.A.

Millman, D. (2008). *El Guerrero Pacífico.* Editorial Sirio.

Moorjani, A. (2012). *Morir para ser yo: Mi viaje a través del cáncer y la muerte hasta el despertar y la verdadera curación.* Gaia Ediciones.

Rosario, D. (2019). El *libro que tu cerebro no quiere leer: cómo reeducar el cerebro para ser más feliz y vivir con plenitud* (4ª edición). Urano.

Tolle, E. (2011). *Un nuevo mundo, ahora: Encuentra el próposito de tu vida* (11ª edición). Penguin Random House Grupo Editorial.

Toro, J. M. (2010). *Descanser, descansar para ser: Propuestas para liberarnos del secuestro del descanso.* Desclée De Brouwer.

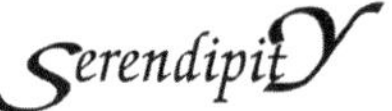

DIRECTORA: OLGA CASTANYER

ÚLTIMOS TÍTULOS PUBLICADOS

230. *Cuaderno de trabajo para el cambio de hábitos. Cómo romper hábitos negativos e instalar hábitos positivos.* JAMES CLAIBORN / CHERRY PEDRICK
231. *¿Tengo un trauma corporal? Herramientas somáticas para sentirte seguro con tu cuerpo.* ERIKA SHERSHUN
232. *Conoce tu ansiedad y aprende a gestionarla. Una visión integradora de la ansiedad.* PUBLIO VÁZQUEZ
233. *Psicología positiva: aprende a ser feliz con la ciencia del bienestar.* IAGO TAIBO (2ª ed.)
234. *La mesa de la vida. Manual contra el sufrimiento y la desesperanza.* E. GALINDO BONILLA
235. *La asertividad por dentro y por fuera.* OLGA CASTANYER - ELENA VILLAR
236. *Dinámicas de grupos. Aprende a convivir, trabajar y dirigir grupos.* J. GARCÍA FORCADA
237. *Cuaderno de trabajo para la ira basado en la Terapia de Aceptación y Compromiso (ACT). Gestionar nuestras emociones y recuperar nuestra vida.* MANUELA O'CONNELL - ROBYN WALSER
238. *Da vida a tus sueños. 12 caminos para crecer y despertar.* MAGDA BARCELÓ
239. *Bondad práctica y radical. Yo conmigo Yo contigo Nosotros y Nosotras.* J.L. BIMBELA
240. *Sanar la ansiedad. Técnicas de respiración consciente y desarrollo personal para transformar la ansiedad en la vida que deseas.* IVÁN SÁNCHEZ
241. *Yo tampoco puedo con todo. Una guía para cuidarme y priorizar mi salud mental.* J. VEGA
242. *La escritura que cura. Manual de escritura expresiva para no profesionales.* L. ETXEBARRIA
243. *Liberémonos del narcisismo.* MARIBEL RODRÍGUEZ
244. *Cuaderno de trabajo para el trastorno de ansiedad generalizada. Actividades de TCC para controlar la ansiedad, enfrentarse a la incertidumbre y superar el estrés.* DR. LAWRENCE E. SHAPIRO
245. *Kit de herramientas para la depresión. Alivio rápido para mejorar el estado de ánimo, aumentar la motivación y sentirse mejor ahora.* WILLIAM J. KNAUS, EDD - ALEX KORB, PHD - PATRICIA J. ROBINSON, PHD - LISA M. SCHAB, LCSW - KIRK D. STROSAHL, PHD
246. *Dejé de ser yo. Memorias de un abuso narcisista.* DÉBORA PALOP
247. *Superheroes personas admirables y gente corriente. Pequeña guía para un vivir equilibrado y buena salud mental.* RAMIRO J. ÁLVAREZ
248. *¿Hay vida más allá de la mente? Conectando con el ahora.* RAMIRO JOSÉ LUIS BELMAR
249. *¿Y a ti qué te motiva? El camino de la automotivación.* OLGA CAÑIZARES Y CRISTINA MIAJA
250. *Identidad y psicopatología. Origen y tratamiento de los trastornos de conducta y personalidad con el modelo Parcuve.* MANUEL HERNÁNDEZ.PACHECO
251. *El arte de reconocer tu valor. Aprende a confiar en ti y crearás una realidad diferente.* JAVIER CASTILLO RUBIO

Serie MAIOR

76. *Cómo retener los recuerdos. Sensojuegos terapéuticos para estimular la fijación de la memoria y la retención de los recuerdos en el Alzheimer y otras patologías.* CARLES BAYOD
77. *Aprendiendo a habitarnos. Un modelo de intervención psicoterapéutica con personas con historia de trauma.* PEPA HORNO GOICOECHEA (2ª ed.)
78. *Violencia vicaria. Golpear donde más duele.* SONIA VACCARO (2ª ed.)
79. *Reconocer y superar las relaciones tóxicas y la dependencia emocional. El apego adulto y el modelo PARCUVE.* MANUEL HERNÁNDEZ PACHECO (2ª ed.)
80. *La psicóloga en casa. Las posibilidades de la intervención psicológica en el domicilio de las personas.* NATALIA ZAIRA PEDRAJAS SANZ - Ilustraciones de BELÉN BRIGIDO
81. *El origen emocional de nuestros comportamientos. Los Sistemas Emocionales Primarios.* CARLOS LÓPEZ-OBRERO CARMONA
82. *Tratamiento de las conductas adictivas.* JULIA HERRANZ MARÍN - MIGUEL DEL NOGAL TOMÉ
83. *Nuestra ciudadela interna. Desde la Supervivencia a la Autonomía.* MARIO C. SALVADOR